UTOPIE

Chantal Thomas

一代妖后

La reine scélérate
Marie-Antoinette dans les pamphlets

潑糞刊物裡的
瑪麗·安托奈特

香塔勒·托瑪 ——— 著

翁德明 ——— 譯

目錄

附錄

出版者的一些說明

Pamphlet，在權威的法文字典 *Le Grand Robert* 裡的定義是：「以譏刺的風格書寫，用來激烈攻擊當道的權力、或是世俗的意見之簡短小書。」而根據西方學者的研究，古往今來，為了不同目的攻擊不同目標的這類書寫，不僅在某些時代事件中扮演著左右歷史走向及個人成敗的關鍵角色，而且其風格及數量都已廣大到了一定程度（比如收藏在法國的圖書館中，僅是西元 1550 至 1650 這一百年間出版的就有超過 7000 冊。見 *Encyclopædia Universalis 2015* 中 pamphlet 條目）；使得能完全涵蓋這些內容的定義，就會變得空泛而沒有焦點！

我們選擇將 pamphlet 翻譯成「潑糞刊物」，有兩個主要的理由。首先當然是因為諧音的趣味；但真正的重點是：當我們使用常見的譯法如「異議小冊」時，就難免忽略了 pamphlet 那「地下傳播」及「致人於死」的特性。這些特性，在那些十八世紀法國大革命發生前後，用以攻擊瑪麗-安托奈特的潑糞刊物中尤其明顯。看過本書作者的分析，讀者必然能了解我們何以捨棄「異議小冊」這個譯法的斯文，而寧可用「潑糞刊物」的不莊來忠實呈現其本性。原著附錄七篇當時的潑糞刊物，中譯本也力求忠實地譯出。其內容極盡低俗不文，對宮禁穢亂異想天開的醜化，令人歎為

觀止。這幾本潑糞刊物原文多可在法國國家圖書館的數位線上書庫 http://gallica.bnf.fr 上閱覽。讀者可以其原文書名搜尋。

　　本書作者師承法國二十世紀鴻儒羅蘭巴特（Roland Barthes），不僅其思想創作能夠跨越學術與藝術間的藩籬，其才情更能使得知性的論述帶有詩意，純粹的文學又透出哲思的洞見。分析攻擊瑪麗 - 安托奈特的潑糞刊物，作者更以可比羅蘭巴特在《神話學》中的犀利，揭露了當時法國社會的深層心理：憎恨女性與仇視外國人！因為潑糞刊物作者自命占據道德高地的囂張氣燄，以及他們為了製造群眾同仇敵愾的不擇手段，竟使得衣冠中人平素羞於出口，內心裡頑固的歧視心態因而暴露！

　　對照我們現今在台灣，每日所見的部份媒體行狀，也不時上演著潑糞刊物致人於死的戲碼；唯一的不同是他們已經不再「地下傳播」，更化暗為明，成為以「可靠消息」、「府內高層」或是「名嘴爆料」……當開頭的媒體報導。而當他們聲嘶力竭之時，腳下踩的道德肥皂箱正常常都裝著些不堪入目的骯髒東西……

　　想到這裡，這本趣味橫生的小書讀來也就更加耐人尋味了。

　　　　　　　　　　　　　　　　　　　　　　　　吳坤墉

＊　＊　＊

本書中每頁下方，以阿拉伯數字標示者為譯者註。
每章節最後，以拉丁文數字標示者為原作者註。

神話乃是由歷史所選定的話語：
它並不會從事物的「本質」中湧現

——羅蘭・巴特《神話學》

導論

瑪麗 - 安托奈特（Marie-Antoinette）：王后。奧地利人。路易十六之妻。扮牧羊女自娛。被送上斷頭台處死。

　　這幾個字總結了瑪麗 - 安托奈特這名字最廣為人知的常識與定見。

　　當然，上述印象是在特定時代背景中深印在吾人腦海中的，是源自於學校教育的老生常談。在那時代，法國歷史的面貌好像是狂熱故事的集成，其中充斥暴行而且邏輯薄弱。為了說服我們接納如此不真實的故事，人家口口聲聲保證一切都是真相，斷言數個世紀之前，事件始末的確如此。如果稍微要求解釋，那麼學童耳中便會灌進一堆數字：這樣他們就會閉上嘴巴。於是，從這一課到下一課，他們收斂起懷疑的態度，被動接受一連串的事件。

　　學童記誦歷代國王的名字，而那些名字又幾乎一模一樣，這又令他們混淆得更厲害了。

　　他們只能拿一些鮮活有趣的意象（少之又少！）充做歷史的參考點，比方：

　　－懶王 [1] 躺在牛車上旅行，速度很慢，

1.　Rois fainéants：法國中世紀墨洛文加（mérovingien）王朝從 639 年至八世紀中期
　　覆亡為止，期間幾任國王的外號。這個外號首度出現在九世紀查理曼大帝時代
　　的史官艾震亞（Eginhard）的筆下，據信是為鞏固加洛琳王朝取代墨洛文加王朝
　　統治的正統性而造出的。

－共和國的某任總統在賓客來訪時經常爬到樹上，

或是一些光怪陸離而且極殘酷的場面（多得不勝枚舉！）：

－聖女貞德遭人活活燒死，

－路易十一將敵人關進俗稱「小姑娘」這種出名的籠子裡，

－建築凡爾賽宮時，成千上萬的工人有如牲口一樣被套在一起幹活，被蚊子叮咬而死的經常數以百計，

－夏洛特・考爾戴（Charlotte Corday）把馬拉（Marat）[2]刺死在浴缸裡面：她是個冷靜而且思慮周密的年輕女子，事先備好一只針線活兒的小袋了，打算行刺成功之後整理服裝儀容，

－拿破崙與征俄之役：士兵赤腳徒步穿越一大片積雪的原野，並躲進死馬的腹中取暖⋯⋯

---

2. 讓 - 保爾・馬拉（Jean-Paul Marat，1743 ～ 1793 年），法國大革命時期著名的活動家和政論家。馬拉原本是醫生，1774 年發表《奴隸制枷鎖》一書，抨擊英國的君主制。法國大革命爆發後，他為理想投身其中，曾創辦《人民之友》報，批評《人權宣言》只是富人安慰窮人的誘惑物。1793 年 5 月參與起義推翻吉倫特派統治，建立雅各賓專政。馬拉為躲避反對派的迫害，長期在地窖裡工作而染上了嚴重的濕病。為了減輕病痛而不影響工作，他每天泡在注滿藥液的浴缸中工作。1793 年 7 月 13 日馬拉被吉倫特派的女刺客夏洛特・考爾戴刺殺身亡，終年 50 歲。馬拉死後被國民公會授以烈士葬禮，遺體被送進先賢祠，但不久後又遷出。

所有這些男女英雄在歷史的舞台上面前仆後繼，不間斷地，始終懷抱著相同的行動熱情，或者至少具備一心想要創造時代的使命感：他們都是不達終點絕不放棄的人。於是大家很快便瞭解到：歷史大人物的首要特徵即是如此。大家推測，也許這種特徵和他們另一項屬性有關：亦即，他們不但都是已故的人，而且作古已有很長一段時間。對於他們，遊戲已然結束，布幕已然落下。可是對於我們這些活著的人，有什麼可以禁止我們在終場之前就離開呢？為什麼要從頭到尾，把故事都聽完整呢？但是中途離開可不是件簡單的事：因為學校不會放過我們。學校宣稱我們都是那些無稽之談的直接繼承人。我們都是深受影響的後世人，樂此不疲想像並且相信那些虛構插曲，認為那是合理的事。

　　由於現代史學進步，還有史學家在詮釋歷史之時，避免拿莎士比亞劇本的邏輯當作事件的邏輯，那種再現鮮活場景的努力已毫無用處。因為只需理解便足夠了。追求過去歷史中異國情調的做法不再時興，我們離開犯罪劇場，注意起統計學的曲線與政治經濟學的圖表。我們發現，紅顏禍水不能說明一切，歷史的災難和慘事有其種種定律。

　　我們從其中獲得的經驗或許值得注意，甚至教人振奮，然其力道尚不足以抹除留存吾輩記憶中的那些刻板印象。那些印象繼續教人胡猜瞎想，而且，不知不覺之中，左右了我們的判斷。

在巴黎的卡納瓦雷（Carnavalet）[3] 博物館裡，有個小男孩問他的母親：瑪麗 - 安托奈特是不是被送上斷頭台處死的。他評斷：「砍得好。」這時，小男孩正站在展示羅伯斯比（Robespierre）[4] 修容淺盤的櫥櫃前。

如今，主流輿論也都說「砍得好」。不假思索便可脫口說出。在上述那個被虔敬保存的修容淺盤裡已經不知道積累了多少刻板印象。此外還有丹敦（Danton）的修容箱，裡面有他的刮鬍刀，可是卻不見夏洛特 · 考爾戴那針線活兒的小袋了，連凡爾賽的朗比內（Lambinet）博物館裡也看不到。

瑪麗 - 安托奈特被認定為罪無可逭，其實和她身為王后因而大出風頭還有風姿迷人大有關連（馬塞勒 · 普魯斯特〔Marcel Proust〕曾說：「瑪麗 - 安托奈特明顯有隻奧地利型鼻子以及甜美秋波」）。起初，她雖征服了輿論，贏得大眾的好感，然而輿論先天偏偏就是反覆無常，事後可能產生南轅北轍的反效果。就像十七世紀耶穌會一位天賦極高而又博

---

3. 位於法國巴黎第三區的一座博物館，也稱巴黎歷史博物館（Musée de l'Histoire de Paris）或卡納瓦雷美術館。卡納瓦雷博物館是一座收藏並展示巴黎歷史資料的市立博物館，博物館的建築物本身也是歷史建築。博物館內的藏品達到約 60 萬件，包括多種領域。

4. 1758 ～ 1794 年，法國大革命時期政治家，是雅各賓派的實際首腦及獨裁者。他在恐怖統治時期到底扮演何種角色，至今仍是爭議很大的問題。批評者認為他是恐怖統治的理論家，極端殘忍，雙手沾滿鮮血，應為恐怖時期大量無辜遇害的人負責。

學多聞的會士葛拉席安（Baltasar Gracián）[5]所描述的那樣：「輿論所造就的名聲專走極端：不是萬眾喝采，就是全民唾棄」。瑪麗・安托奈特飽嚐了兩種極端的滋味。尚未受到全民鄙夷之前，尚未受到歷史洪流憎恨之前，她真是群眾熱情鼓掌的對象，倒也沒有什麼特別理由，反正討人喜歡便是。

　　瑪麗-安托奈特的一生甚至是場美夢，但美夢會毫無緣由改變方向，不需過渡階段，直接可以幻化成為夢魘。在她十五歲抵達法國時，民眾以及整座宮廷為之傾倒（不過立刻就被捲入黨派間的傾軋）。她很年輕，長相秀麗雅緻，加上一頭金髮，因此漾上臉的笑意甚至舉手投足都能令人神魂顛倒。舉手投足間的風采和那嗓音一樣，最能引人入勝，由於無法精確描述，因此無疑更具魅力。瑪麗-安托奈特擁有兩種風采：一種是私下的，表現在鎮日的忙忙碌碌，她始終醉心於舞蹈、交際以及四處走動；一種是官式的，既靈活輕柔又高高在上。她用後者這種比較深思熟慮的態度和滿朝文武大臣應對，透過藏在手中摺扇裡的單眼近視眼鏡仔細端詳向她請安問候的人。根據目擊者的說法，她的公私兩種風度裡都蘊藏著一份出眾的輕盈。

　　她走起路好像耳裡聽著旁人聽不見的音樂而踩步伐，加上她的一頭金髮（「王族那無法解釋的特徵」，辛格里亞

5.　1601～1658年，西班牙耶穌會士，巴洛克時代的作家及哲學家，作品頗受德國哲學家尼采與叔本華的推崇。

〔C.A. Cingria〕名言），這些全都教人深深著迷。在大家的想像之中，她是最能體現王后那富貴形象的人物。當時有些詩作把她奉為女神加以讚頌，利用各種千錘百鍊的暗喻歌詠其美德：「各位知道，她的母親／乃是歷代皇帝的高貴繼承人／可是，好朋友啊，請承認吧，要是讓她當牧羊女，那麼巴黎斯的金蘋果可輪不到維納斯。」

一七七〇年她抵達法國時受到空前熱烈的歡迎。根據她自己的說法，史特拉斯堡到凡爾賽的旅程「彷彿夢境一般」。所經之處，路上灑滿鮮花，不時有白衣小童在她華麗馬車的四周歡欣舞蹈，不管走到城市或是鄉野，人家都喜不自勝地迎上前去。這個年輕女孩儘管深受感動，卻也對於這種過火熱情感到些微不安。她奇信給母親說道：「法國人是多好的民族啊！我到史特拉斯堡的時候，那場面好像迎接受寵的女兒回家似的……可是，大家把我恭維得太過火，這可教人擔心，因為女兒不知道將來要如何努力才不至於辜負那些溢美之詞。其實，女兒本來對法國人就有好感，他們如此讚美女兒，就表示對女兒期望極高。如果省去那些恭維，女兒倒覺得和他們相處起來會很自在[i]。」（一七七〇年五月八日）

儘管在她婚禮後的慶祝活動上出現了不吉利的徵兆，人民對於這位太子妃的厚愛依然絲毫未減：當時刮起狂風、下起暴雨，迫使群眾離開凡爾賽宮花園，放棄原先計畫好的各項慶典；尤其路易十五廣場（後來改名革命廣場，即今天的

協和廣場）上發生了一場火災，燒死幾百名前來觀賞煙火的群眾。真是一開始就大觸霉頭！不過，瑪麗 - 安托奈特仍是「寵兒」。

一七七三年六月八日她來巴黎城時可說是極輝煌的勝利：「我們在杜樂利宮[6]附近散步，人群多到整整三刻鐘裡，我們絲毫無法前進或是後退。散步回宮之後，我們登上了一處開闊的平台，並且停留半個小時。親愛的母親啊，女兒不知道該如何描述當時群眾表現的仰慕之意和激動情緒。退回宮內之前，我們向群眾揮手致意，他們都十分興奮。我們非常欣慰，因為群眾如此親和，我們已贏得他們的友誼[ii]！」（一七七三年六月八日）

然而，輿論所塑造的名聲極不牢靠，上述那種形象得來不費吹灰之力，然而一夕之間便完全變了調。瑪麗 - 安托奈特的直覺果真是正確無誤，因為她認為群眾的那番恭維太過火了，日後將難滿足其中所隱含的期待。輿論從此一極端擺盪到彼一極端。群眾自顧自地以讚詞將這個年輕女孩妝點成魅力無限的人物，可是這份魅力日後也成為傳統譴責紅顏

---

6. 曾是法國的王宮，位於巴黎塞納河右岸，於 1871 年巴黎公社暴動時遭焚毀。1559 年法國國王亨利二世去世後，其遺孀凱薩琳・得・麥第奇決定搬出亡夫居住的羅浮宮，另建新宮。1564 年，凱薩琳・得・麥第奇下旨在羅浮宮西面約 250 公尺遠的地方興建杜樂利宮。「杜樂利」的名字來自於該處的一座瓦窯（tuileries）。法國大革命爆發後，巴黎市民於 1789 年 10 月 6 日結隊前往凡爾賽宮請願，隨後將路易十六及其家人挾至巴黎城內，安置於杜樂利宮。1791 年 6 月 20 日，路易十六和王后瑪麗・安托奈特從宮中出逃，但在邊境被人截獲。

禍水的一項罪過。到那時候，再也無人頌揚她的優雅，只一味咒罵她是從地獄直接冒出頭的淫貨。她不再是從特洛伊王子巴黎斯手中接下金蘋果的國色天香，而是將蘋果遞給亞當的夏娃。是她讓人類全體陷入不幸的深淵。這種反差多徹底啊！從烏托邦式的理想人物搖身一變成為瘟神害人精的恐怖形象。用來描述她的那套字彙徹底切換為反義詞，保留的唯有誇張的語氣強度，但是無論前後哪套言詞，都是對於王后這種人物神話式的投射。

　　因此，筆者無意在此探究她的何種作為引發輿論由褒轉貶，無意探究潑糞刊物裡的文字如何促成她的死刑宣判。我的切入點和亨利・阿爾梅哈斯（Henri d'Almeras）在他那兩本著作《王后的情人》（*Les Amoureux de la reine*）與《潑糞刊物中的瑪麗 - 安托奈特》（*Marie-Antoinette d'après les pamphlets*）裡的切入點不同。我並不想為她脫罪，我也無意為她洗刷保王黨和革命黨潑糞刊物中算在她頭上的種種敗行，或是去除積累在她種種魯莽但無辜之行為上的污漬。此外，本人更加不想附和艾克托・伏萊須曼（Hector Fleischmann）在他那本類似罪狀錄的《聲討瑪麗 - 安托奈特之潑糞刊物》[iii]（*Les Pamphlets libertins contre Marie-Antoinette*）中所秉持的觀點，在王后的行為修養以及潑糞文宣的論述間建立起什麼合理的因果關係。

伏萊須曼毫不掩飾便擺出了宗教裁判所法官的姿態，也不遮遮他那番鄙視女性的成見，因此開門見山，竟和潑糞刊物中的一項重要主題互通起了聲氣。他在書裡一開頭就提醒我們：「歷史學家能替她找出的藉口唯有『輕浮』而已。這不正是法庭對於姦婦之犯行所採信的理由嗎？我們正打算在這裡告訴讀者：這種『輕浮』（姑且保留這種委婉說法）可以導致什麼下場 iv。」尚未受審，她就已經輸了：瑪麗 - 安托奈特很明白顯露出一個現象，也就是對女性這片「黑暗大陸」的恐懼與仇恨。瑪麗 - 安托奈特有罪，並非因她具體幹出什麼勾當，而是因她生命具有某種特質。伏萊須曼可說是那些潑糞刊物作者的嫡傳，又是革命法庭的傳聲筒，因為他宣佈了瑪麗‧安托奈特那份「不可容忍之輕」。直到生命結束的那一刻，她的輕盈可以說是貫徹始終。根據當時報紙披露：儘管雙手已遭反綁，她在無人協助的情況下，「輕盈地」從押送她前往刑場的囚車上跳下來。瑪麗 - 安托奈特的輕盈可以和直到最後一刻仍展現知性傲骨的羅蘭夫人（Madame Roland）[7]相提並論。

---

7. 1754 − 1793 年，法國大革命時期著名的政治家，吉倫特派領導人之一。她的丈夫讓 - 馬利‧羅蘭（Jean-Marie Roland）也是吉倫特派的一位領導人。她被指控同情保王派，並被不公正地判處死刑，事實上，她是因為羅伯斯比對吉倫特派的大清洗而在 1793 年 11 月 8 日遭雅各賓派送上斷頭台的。臨刑前，她在斷頭台上向革命廣場（la Place de la Révolution）上的自由雕像鞠躬，並留下一句為後人所廣為傳誦的名言：「自由自由，天下古今幾多之罪惡，假汝之名以行！」

「這位王后輕佻淺薄、水性楊花、魯莽冒失（中產階級婦女若是這樣只算缺點，但是王后如此作為便是罪過），她自以為舞台上的戲子，教全國上下看她演出荒淫的戲碼。她曾說過：『要嘛給我噓聲，要嘛為我鼓掌』。果然，群眾在等待她被送上斷頭台之際，不斷對她噓聲連連ᵛ。」作者露骨表現出他那移風易俗的說教企圖，但是隱約又有偷窺狂的興奮。伏萊須曼竟將當年貶損王后的猥褻潑糞刊物當成「資料匯編」呈現在吾人眼前，將它視為控訴所本，證明人民嫌惡王后而且越演越烈完全合情合理：「這張王宰嘴臉如何在水到渠成時，自然而然變成了蔑視的對象，後來如何在時機熟透時，順理成章淪為刀下亡魂ᵛⁱ。」教人好奇的是，新發明的斷頭刑具砍下王后的頭，卻帶出了讓人聯想到大自然和農村生活的暗喻，小即水果熟透與小麥收割的意象。

伏萊須曼的觀點也是最為大眾接受的看法，此種頑強意見歷久彌新，並且造成更多混淆。他的態度建立在如下幾個謬誤上：

一、反溯錯覺：既然瑪麗-安托奈特被砍了頭，那麼那批潑糞刊物揭露王后穢亂罪行，「必然」是送她赴死的理由。每一本小冊都呼籲判她死罪。我們仔細閱讀那些小冊，似乎可以歸納出來：瑪麗-安托奈特的一生乃是在等待斷頭台的過程中開展的。雖然當時還看不到那架刑具，但它彷彿

已在那裡，準備要懲罰這名水性楊花的淫婦。它的弦外之音
便是：王后受的酷刑其實是給全體女性看的殺雞儆猴，換句
話說，等於昭告天下：「女人，不要再那樣輕浮了，學莊重
些，你得一絲不苟！」

　　斷頭台的冷峻輪廓已經投射在凡爾賽小特里亞農宮（Le
Petit Trianon）[8]的玫瑰花圃裡。若是足夠機伶，早就應該及
時察覺到了……但是，有誰能夠根據不可預見的悲慘結局來
修正自己的行為呢？吾人常在無法預見未來的情況下做出決
定，而這決定又促使吾人萌生最荒唐最愚蠢的期待。正因如
此，到她受審前的幾個星期，艾克賽勒‧得‧費爾森（Axel
de Fersen）[9]仍盤算著法蘭西王室的復辟計畫，甚至交給瑪麗-
安托奈特一張閣員名單，就是假定日後由她出面組成攝政政
府時的閣員名單。

　　二、混淆本質（Nature）以及歷史（Histoire）：這裡我

---

8. 小特里亞農宮是一座位於凡爾賽宮園林中的小城堡，由昂熱-雅克‧加布里埃
爾（Ange-Jacques Gabriel）設計督造，融合十八世紀洛可可風格以及新古典主義
風格。路易十五下令於 1762 年到 1768 年修建此宮，目的為了安置他的長期情
婦蓬巴杜夫人（Madame de Pompadour）。但是蓬巴杜夫人在其建成前四年就
已去世，於是後來歸屬她的繼任者杜‧巴利伯爵夫人。1774 年，20 歲的路易
十六登基之後，將該城堡及其周圍花園賜給年才 19 歲的王后瑪麗-安托奈特，
供其個人支配使用。
9. 1755 ～ 1810 年，瑞典貴族，曾任該國大元帥，亦曾參加美國獨立革命。出使法
國期間因其俊美儀表及社交手腕，成為凡爾賽宮寵兒，並被視為安托奈特的情
夫。一八一〇年死於斯德哥爾摩的平民暴動中。

引用羅蘭・巴特在《神話學》（*Mythologie*）一書開頭所提的灼見：「『現實』被報章、藝術或常識包裝成為『本質』，本人目睹這種『本質』經常感到不耐，因此促成了關於神話的一番省思：即便是個吾人俯仰生息在其中的現實，竟無疑也是由歷史加工過的『現實』。簡單說來，在當代對『現實』的敘述中，我很難過看到『本質』以及『歷史』無時無刻不被混淆起來。所以我要一路追蹤，從每一件『想當然耳』（ce-qui-va-de-soi）的裝飾外殼下揪出『意識型態的濫用』（l'abus idéologique）。依我看來，這種濫用正蟄伏在每個角落[vii]。」

羅蘭・巴特對於自己那時代各種亂象的論述，如果加諸瑪麗・安托奈特的那時代也是行得通的：那個由一本又一本潑糞刊物所建構起來的時代，那樣古怪失序，活像是穢亂淫蕩的巨幅畫面。在那些作品中，王后本人被抹成「一切罪行的幫凶」。這是對一個所謂秉性邪惡的女人所發動的激動譴責，其中包藏政治與歷史的複雜賭注，而在這些賭注上面，法國人被分裂成為各黨各派。這個異邦女人，她的墮落習性駭人聽聞，玷污法蘭西的王座，一身惡貫滿盈，於是惹得萬夫口徑一致將其唾罵。閱讀那些潑糞刊物，彷彿內容所陳述的一切想當然耳，只是對既存現實的坦露，揭發那個奧地利女人所謂的淫邪天性！（在這相同的題材上，不論出自保王黨或者革命黨，攻擊王后的潑糞刊物都同樣暴露出兩股基本的動力：憎恨女性的立場以及仇視外國人的態度。）在我看

來，此舉似乎突顯出撰文者的真天真或是假天真。那是意圖
將話語的產出與那自然明顯的事混為一談，或是忽視了「神
話」的無邊法力。

　　這類潑糞刊物大量刊行，其寫作之目的在於追求暢銷，
同時具備職業性的冷峻筆觸以及策略性的精準描繪。遭其推
上舞台的是王后與妖怪的合體，是個卑劣到難以名狀的女
人，被人以千百個不斷重覆的字彙控訴的女人，是個不斷
受辱的出氣筒，是個激發眾怒之儀式的主角。她統攝一個
愛走極端而且分裂不和的世界，不知細膩辨別，在善與惡
之間沒有過渡漸層。瑪麗 - 安托奈特，異邦女人，美莎琳娜
（Messaline）[10]，普洛賽蘋（Proserpine）[11]，諸多稱號全都直
指罪惡與地獄的黑暗。這個為非作歹、怙惡不悛的人，正是
所有良善勢力、所有嶄新世界勢力集結起來要對抗的標的。
　　瑪麗 - 安托奈特此一妖后形象激發出一股團結勢力。這
個萬眾公敵一成不變被抹成魔鬼的駭人面目。而大家都知
道，魔鬼特質就是一個「輕」字：「周六子夜的巫魔密會中，
他們踩踏羽毛，輕盈前行。」
　　但最要緊不過的是：以夙夜匪懈的警覺心對治瑪麗 - 安

---

10. 20 ～ 48 年，羅馬時代克羅德皇帝（Claude）之妻，以行為淫蕩高調著稱，後因
涉謀反而被處死。
11. 古羅馬神話中的春之女神，兼冥王普魯多（Pluto）之妻。

托奈特的勾引手段，並以反感到作嘔的態度抨擊她的污濁不潔。人民活像個合唱團，同聲同調唱起了詛咒王后的歌曲。

撒旦王后的神話裡由於摻進聖經原罪墮落的說法而更具威力。夏娃這個既受誘惑又善誘惑的人，利用了亞當的脆弱，成功地變成撒旦的幫凶。

大家是這麼看待路易十六夫婦的：直到他們出逃至瓦雷納（Varenne）之前，輿論向來保護這位弱勢的好國王，而陪在他身邊的王后則生性凶惡且又獨攬大權（而說到出逃至瓦雷納，這當然是王后在寵臣費爾森的幫助下幹的勾當，不過這回國王也怕老婆怕到不成話了）。反正所有罪行的擔子都落到王后身上，由她一肩挑起。

路易十六老實，甚至太老實了。他已從仁慈善良的境界一腳跨進愚蠢低能的地步。群眾歡鬧縱樂，且想像力又源源不絕，如今，革命之後，群眾位同人君，他們利用各種方式與那王后濫交，反正，無能國王力有未逮，群眾徹底幫他做足。

教人驚訝的是，瑪麗-安托奈特那情慾熾旺的神話（且結合普通人性無法辦到的逞惡秉賦）卻在現實世界裡被懲治。政治上的叛逆罪名由於缺乏實據，王后便交由全民的淫穢狂想加以審判。我們試舉一例：《情愛一日，或稱瑪麗-安托奈特爽它最後一次，散文三幕喜劇，一七九二年八月二十日於坦普勒劇院首演》（*La Journée amoureuse, ou les Derni-*

ers Plaisirs de Marie-Antoinette, comédie en 3 actes, en prose, représentée pour la première fois au Temple, le 20 août 1792）。開頭場景便是她和拉法葉將軍的私人密會，後者自從一七八九年十月起便傳說是最受她寵愛的姘頭，並取代了王弟阿爾托瓦侯爵那無人能出其右且又令他大嫂「數度欲仙欲死」的「性愛健將」（*athlète de plaisir*）。太子晉見母后不過才一會兒，後者便發起脾氣嘀咕道：「這兔崽子說話真是了無淫趣！」後來朗巴勒（Lamballe）公爵夫人進來愛撫她，這才重新撩起她的慾火。於是，王后決定大膽嘗試，將那淫事做絕，玩弄一下「庶民雞巴」（*couilles roturières*）。公爵夫人不斷慫恿被嚇呆的杜博瓦道：「學我這招，抓緊她的一對奶子，還有屁股，愛怎麼幹就怎麼幹……」

潑糞刊物是種邊緣文學，自有其博取公信的方法，而上述那一本也不免俗，因為書末附註指出：「為證明本人剛才公諸於世的事情件件為真，本人籲請讀者稍微翻閱一下《瑪麗－安托奈特淫蕩並且臭名遠播的私生活》（*Vie Privée, libertines et scandaleuse de Marie-Antoinette*）。這部作品（共計三冊，十八開本，附有三十二張插畫）膾炙人口，內容翔實，所披露的醜聞原先只有少數人士知情，尤其不久前才面世的第三冊。」

教人驚訝的是：這類敘述，這類不斷加油添醋累積來的敗跡劣行讀在大眾眼裡（而且持續至今）竟然尚屬可信。這

些材料變成幻想的出發點。儘管有人認為稍嫌誇大，不過順藤摸瓜，總能溯及實際情況，總能勾勒出某個真人的輪廓。如果我們根據潑糞文宣的內容就開釋瑪麗‐安托奈特，或者安個罪名給她，此舉也就等於默默接受：將一種被策略性操弄的幻想層面、以劣行場景想像女主人翁的層面，當作是瑪麗‐安托奈特的現實存在，也就多多少少符合人家將她塑造成的神話。

在神話與現實之間，在幻想場景與據稱是如實的生活場景之間，此一類的濫用交雜可能導致一位作者必須在法律上為他筆下不道德的人物負責。因此薩德（Sade）伯爵才會在獄中關了十三年（一八○一～一八一四）之後，死在夏杭東（Charenton）的濟貧院裡，只因為他的作品含有激起世人憤慨的內容。由於他在紙上創造出惡行令人髮指的角色，喪失人性、耽溺於醜行的角色，好比潑糞刊物中因為犯罪而洋洋得意的瑪麗‐安托奈特。為什麼薩德的名字會出現在這裡？首先，因為大家再如何議論他都不嫌多；其次，因為潑糞刊物中的情色暴力與薩德的書寫彼此間有種教人不安的呼應。這種呼應也出現在該兩類作品共有的遊戲性質之中。在潑糞刊物這一邊，引言題詞（exergue）以及編輯天馬行空式的註解即有此種性質。光從引言題詞來看，薩德作品與革命黨潑糞刊物間的脈絡是昭然若揭的。薩德在一七九五年出版之《閨房哲學》（*La Philosophie dans le boudoir*）裡劈頭便毫

不留情宣告道：「母親必要囑咐女兒閱讀此書」，這和出版於一七九一年之瀩糞刊物《路易十六之妻瑪麗 - 安托奈特的滿腔火》（*Fureurs utérines de Marie-Antoinette, femme de Louis XVI*）中的首頁題詞：「母親必要禁止女兒閱讀此書」以及附註：「此書流傳於國民制憲會議議場與巴黎市各妓院」可以說是師承關係。

　　此外，在我看來，薩德和瑪麗 - 安托奈特的命運具有可觀的相似度，因為兩者都成為他人幻想作用的犧牲品，而且同樣因為文本和個人的界線難以辨識，所以衝著他們來的譴責方能理直氣壯。他們兩人都被自己所觸發的狂想洪流淹沒，其中一位的身分是作者，而另一位則是故事裡的角色。薩德為書中人物諾瓦賀索伊（Noirceuil）、聖 - 豐（Saint-Fond）、茱麗葉特（Juliette）或克雷赫維勒（Clairwill）等的惡行坐牢贖罪，因為那些角色膽敢高聲叫出如此人神共憤的話：「啊！犯罪滋味何等甘美，後續發生的事教人快感連連！……」在那些瀩糞刊物裡，瑪麗 - 安托奈特如同化身一條母狗般的高聲宣揚：「上至奧林匹亞高山，下至陰曹地府，我要到處去幹！」所以得為她激起公憤的下流行徑贖罪。

　　艾貝賀（Hébert）發難譴責王后犯下亂倫的重罪。關於這項指控，瑪麗 - 安托奈特起先沈默以對。艾貝賀的文字其實是直接從瀩糞刊物中摘出來的。多年以來，那些文宣已把王后抹成通姦、叛國、性好肛交、女同性戀、殘酷嗜血、毒手殺

嬰等的邪惡人物。瑪麗‐安托奈特平素不愛閱讀，對這一切毫不在乎，也看不出人家罵她陰毒悍婦有何憑據。然而，在她受審之際，這些指控便發揮其負面的作用了。在幾名證人陳述具體而又可資核實的供詞之後，法庭庭長接著發言，譴責她「簡直就是麥第奇再世，耍的陰謀詭計教人毛骨悚然 viii」。這位依「法律之前人人平等」的新原則被傳喚現身革命法庭上的卡貝王朝孀婦，繼續被視同為那已然定型、教人詫異的神話角色。神話自有它的生命，依存於它自己內在的邏輯上，那是徹底如夢似幻之傳統的意象組合。這種意象組合獨立在它的載體外。它的肉身載體可以死亡，但是神話仍繼續盤旋在屍身之上。

「『神話』乃是歷史所選定的話語：它並不會從事物的『本質』當中湧現」，當然也不會從人物的天性中產出。

就是上面那一句話，具說服力而又堅決主張、飽含熱情、圍繞著瑪麗‐安托奈特開展的那一句話，我想跳脫為案件提供訊息的框架，只單純闡述並分析那一句話。我無意控訴她或是幫她脫罪。我在這裡並非想要重啟審判，而是描述一段歷程。我並不是想在翔實可信的傳記框架中回溯她的一生，而是在一個充滿恐怖回聲反響的空間裡面探索，而這處空間的面貌儘管模糊，作用卻很具體，而且其中盡是時時推陳出

新的流言蜚語與誹謗誣陷⋯⋯我並不會花費氣力重教一個歷史人物甦活過來，反正瑪麗-安托奈特始終不斷提供後世靈感，令這後世替她立傳：從龔古爾兄弟（Edmond et Jules de Goncourt）直到史蒂芬‧茲懷格（Stephan Zweig）再到讓‧夏隆（Jean Chalon）最近的新書都是。在這一些刻劃瑪麗-安托奈特的著作裡，筆觸就算稱不上飽含愛意，至少充滿同情，而且數量相當可觀。瑪麗-安托奈特在同時代的法國輿論中很快就轉變成不真實的分身，由於我對此一現象產生興趣，所以嘗試找出那令她喪命的因素，釐清她個人形象不斷惡化的脈絡（如果依這軸線拍成奇幻電影，那麼大家將見識到：想像力如何將一位年輕公主抹成娼妓、大花痴、吸血鬼以及妖怪）。

這項研究碰觸到關鍵的一點：它讓我們得以評估輿論如何策略性地利用女性人物，同時清楚揭露潑糞刊物背後那私心偏袒、唯利是圖的特質。此種極可惡的文學產物不顧廉恥、卑鄙下流，一旦目的有效達成它便功成身退，就被大眾遠遠拋諸腦後⋯⋯可是，正當政治權力傾軋移轉之際，特別在法國大革命期間，若比起一般公認的偉大文學作品，這類潑糞刊物所扮演的角色才更具關鍵性。這種文學飽含憤懑以及怨毒情緒，常把冷飯一炒再炒，既猥褻又冷酷，不但怒氣衝天而且遣詞苛刻，目的在於煽動暴亂、激化革命。

如今，這些攻擊瑪麗-安托奈特的文本已幾乎無處可尋，

就算還有，也只收藏在出入不易的圖書館裡。此外，如果單從這些文本摘錄幾句做為引文使用，那就完全看不出這一批作品數量多麼龐大，多麼單一偏執，結構又是如何密實緊湊。如果這樣，原文裡的枝節橫生或是扯遠話題等現象就顯露不出來了。因此在本書中，我們特地將幾篇潑糞文宣的全文刊出。唯有如此，我們方能如實呈現這些文宣在大革命各事件的進程中所佔的具體分量，同時方能清楚說明：為何在上述進程中，暴力跟著節節昇高，從單純的揶揄挖苦增溫到女文學家兼記者的路薏絲‧侯貝（Louise Robert，亦即克哈利歐〔Keralio〕小姐）所喊出的威脅言語：「妳等著瞧，到時妳個人要單獨對抗兩十四百萬人啊……」

潑糞刊物的文字特色便是語不驚人死不休，讀來讓人產生錯覺，因此它不屑有憑有據的指控，充其量只推出幾隻代罪羔羊罷了。這一群倒楣鬼盡是深具懾服力的不祥凶物，源自於年湮代遠的傳說以及迷信。在政治對壘的年代，這類人物便會具體現形，變成活生生的真實存有。他們可以立即派上用場，被人拿來解釋某種原則定理，直接和某種通透可見的蓬勃能量對接，也是強大信仰驅策力的啟動因子。巴爾扎克在討論凱撒琳‧得‧麥第奇（Cathérine de Médicis）[12]時曾寫道：「無論哪個年代，每當群眾和政權發生大規模的

12.　1519－1589年，法國王后，瓦盧瓦（Valois）王朝國王亨利二世的妻子和隨後三任國王的生母。

衝突時，前者總會為自己編造一個食人魔式的角色[ix]。」如果用到瑪麗‑安托奈特身上，這句話又更貼切了，不僅因為潑糞文宣裡的內容以及抨擊力道同樣凶猛（有人稱她為安托奈特‑麥第奇王后，居心不言可喻），還因這類文宣對現實的衝擊，還因其與歷史那鮮活的對比。瑪麗‑安托奈特不折不扣是「食人魔」角色的最佳典範，因為大家迫使她為路易十六統治期間所鑄下的錯誤扛起責任，這點完全符合群眾從革命立場來詮釋每一個事件的角度，更是革命政治視野裡善惡二元對立中的那股惡勢力。她的負面形象被塑造得十分成功。夫杭索瓦‧福黑（François Furet）認為，此項成功得歸因於如下這套邏輯：「以世俗化的形式重新喚起宗教信仰的精神傾注……馬克斯在他年輕時代的著作中業已分析得相當透澈，因為他說法國大革命使『政治幻象』（l'illusion de la politique）具體化了。它把逆來順受轉為主體意識。它為一個新的世界揭開序幕：在這其中，一切的社會變動都應能歸咎於明確的、澎湃的、可臚列成條目的力量；如同神話思想一樣，法國大革命賦予客觀世界諸多的主觀意志，換句話說，必得揪出責任的承擔者或是代罪羔羊[x]。」

潑糞刊物的內容完全無法讓我們進一步探知瑪麗‑安托奈特的真實性格。關於她的性格，我們至少確知一點：她並不是特別愛走極端的人，而且踰越成規亦非她的嗜好。她擇

友的標準端看對方是否溫柔。朗巴勒（Lamballe）公爵夫人 [13] 的神經如此細緻敏感，以致連看到紫羅蘭花束或是一尾淡水螯蝦、一隻龍蝦都會暈倒（根據詹利〔Genlis〕大人所說，就連看見圖畫中的也不例外）。玻里涅亞克（Polignac）公爵夫人 [14] 因為有一雙湛藍眼眸而且態度謙遜，因此很得王后歡心。和王后談話的時候，夫人無論如何不會出言反駁，因此王后才形容她「從不賣弄學問」。就算瑪麗 - 安托奈特和公爵夫人以及後者的朋友圈子接觸後，發現對方相當放蕩又不道德，和自己那維也納娘家的宮廷文化相當不同，她也只會入境隨俗淺嚐即止，禮教約束仍是有的。她母親加在她身上的道德力量與宗教情感實在太深刻了。瑪麗 - 安托奈特遠遠不是被潑糞刊物抹黃的淫穢王后。還是說這些文宣代表的意涵正好相反？正好可以借用雷翁・布洛瓦（Léon Bloy）對於富基耶（Fouquier）起訴王后一事所表達的意見：那些小冊具備「修辭學詞義反轉的明確功用」？所有用來玷污她的骯髒描寫反而造就一個神聖形象，反而證明她的高潔無瑕？這種說法或許太簡略了。依我看來，瑪麗・安托奈特不是聖女但

---

13. 1749～1792年，出身法國東南部薩伏伊（Savoy）的貴族女性，十七歲嫁入諾曼第富有貴族朗勒家。婚後進入凡爾賽宮宮廷，並成為王后瑪麗 - 安托奈特的心腹。法國大革命期間死於「九月暴動」。

14. 1749～1793年，出生於法國巴黎的貴族，受到瑪麗 - 安托奈特重用，之後還成為王后子女的家庭教師。而玻里涅亞克家族仗著瑪麗王后對其寵幸得到榮華富貴。法國大革命爆發後，該家族卻拋下瑪麗王后逃往奧國避難，公爵夫人不久後即去世。

也絕非淫婦。由於在善與惡的分野間、在女性特質的各深淵間游移不定，而不能夠為她蓋棺定論；關於這點，我比任何人都覺得遺憾。

瑪麗－安托奈特的魅力在她死後仍繼續發生作用。由於她的下場富悲劇性，她的魅力就算沒有被神聖化，至少也獲強化。夏托布里昂（Chateaubriand）甚至覺得，在王后的遺骸上，這番魅力依然清晰可辨！一八一五年，王后屍骨被挖掘出土時，他在現場，隨後便在《回憶錄》（*Mémoires*）中寫道：「在一堆枯骨中，我認出了王后的骷髏頭，所憑藉的不過是昔日在凡爾賽宮她對我報以一笑的印象[xi]。」

巴伐利亞國王路易二世非常欣賞這位「時運不濟」的王后的迷人風采，但是啟發他的倒不是夏托布里昂那份混雜了病態心理和社交經驗的東西，而是一種由狂熱盲目的眷戀所激活的情感，其中包括童貞崇拜以及對於舊政權的緬懷。路易二世曾經仿照凡爾賽園林裡的特里亞農（Trianon）宮建造了林德霍夫（Linderhof）宮，後來成為他最愛的居所。他令人在宮中一處大露台安置瑪麗－安托奈特的半身塑像。國王每逢外出，必先來向塑像脫帽致意。除了如此表達敬意之外，他還深情款款撫摸塑像雙頰。我們不妨認為，瑪麗－安托奈特非但受他崇拜，而且成為他的心腹。在他眼中，王后轉化為純潔的象徵。路易二世景仰瑪麗－安托奈特，一如他對聖母瑪麗亞的態度。同樣一位王后，生前她代表所有的罪

惡，如今卻來接受國王祈禱，希望助他抗拒肉慾誘惑，遠離同性戀的罪惡。今天，我們仍可在國王以過度雕琢藻飾的法文所寫成的私密日記中讀到：「十月十六，高貴莊嚴之后，殉難者瑪麗－安托奈特之冥誕……追思彌撒……悼念偉大王后神聖薨逝，但願賜吾力量克服吾訊罪之罪惡，吾欲永遠棄絕之罪惡啊！永遠！永遠！！！路易 [xii]。」

　　路易・馬西雍（Louis Massignon）在一篇簡短但措辭激昂的文章中提到：靜修沈思的艾默立克（Anne-Catherine Emmerick）[15] 曾在一次神秘經驗中看見瑪麗－安托奈特以及特里亞農宮的花園，「據說每年夏季最熱時節，她會現身該處 [xiii]」。瑪麗－安托奈特也許陰魂不散，回來哀嘆小特里亞農宮目前宛如廢墟、未得妥善修復的窘狀吧。那番破落景象有如廢棄劇院內的裝潢或是冬季海岸邊的簡陋小屋。

i　　*Correspondance*, Archives nationales, cote 440 AP.

ii　 *Marie-Antoinette. Correspondance secrète entre Marie-Thérèse et le comte Mercy-Argenteau avec les lettres de Marie-Thérèse et de Marie-Antoinette*, Paris, Librairie Firmin Didot, 1875, t. I, p. 459.

iii　Hector Fleischmann, *Les Pamphlets libertins contre Marie-Antoinette*, Genève, Slatkine, 1976.

iv　*Ibid.*, p. 12.

v　 *Ibid.*, p. 80.

vi　*Ibid.*, p. 42.

15.　1774 ～ 1824 年，德國奧古斯丁會女，長年臥床的過程中曾經歷神秘的宗教經驗，例如在幻覺中看見耶穌及聖母的的生平事蹟，或是身上出現聖痕（與基督受難時相同的傷口）。

vii   Roland Barthes, *Mythologies*, Paris, Seuil, 1957, p. 9.

viii *Actes du Tribunal révolutionnaire*, recueillis et commentés par Gérard Walter, Paris, Mercure de France, 1968, p. 130.

ix   Balzac, *Sur Catherine de Médicis*, Lausanne, Rencontre, 1969, p. 29.

x   François Furet, *Penser la Révolution*, Paris, Gallimard, 《Folio Histoire》, 1988, p. 49-50.

xi   Chateaubriand, *Mémoires d'outre-tombe*, Paris, Gallimard, 《Bibliothèque de la Pléiade》, 1951, t. I, p. 906.

xii Louis II de Bavière, *Carnets secrets*, préface de Dominique Fernandez, Paris, Grasset, 1987, p. 128. 路易二世令人仿建特里亞農宮和凡爾賽宮，那便是位於基姆湖畔海倫基姆湖宮。國王每年至該處駐蹕一次，乘坐由穿著那不勒斯服裝之船夫所操縱的平底狹長小船抵達，然後獨自一人抑鬱寡歡地在鏡廊（比凡爾賽宮的鏡廊還長五公尺）閒步。海倫基姆湖宮的代號為 *Tmeicos Ettal*，係將路易十四名句「朕即國家」（L'État c'est moi）中的字母拆散後重新組合而成，即所謂「易位構詞」的文字遊戲。路易二世晚年甚至計畫令人仿建巴士底監獄，他對法國舊王朝的崇拜可見一斑！

xiii Louis Massignon, 《Un vœu et un destin: Marie-Antoinette reine de France》, dans *Parole donnée*, Paris, 《10/18》, 1970, p. 211.

人質公主

「我認為當王后並非最幸福的：我巴不得自己這一生不要坐上那位置，因為你比任何女人所受到的限制都大。王后完全沒有實權，不過就是一尊偶像；你得逆來順受，同時還要心滿意足。」這段話乃是一七一九年路易十四弟媳伊莉莎白－夏洛特（〔Élisabeth-Charlotte〕，至親好友稱她麗茲洛特〔Liselotte〕），也就是日耳曼巴拉廷納（Palatinat）選侯國君主的女兒因為看穿現實所寫下的文字。我們不妨相信，這是她的肺腑之言，而非因為暗中嫉妒或是虛榮心不滿足才講的話。一七一九年時，親王王妃已是六十七歲的老嫗了。她從十九歲起就住在凡爾賽宮廷，所以看清楚了，權勢的背面隱藏著諸多不幸，而燦爛奪目的榮耀經常被奴役以及屈辱的重擔壓住。女人受的壓迫尤其嚴重。巴拉廷納王妃的信函成為珍貴的見證；首先因為她是位令人驚異的獨到作家，其次因為她酷愛自由的個性使她一直到死都是叛逆型的人物。這種個性的人，竟逼她生活在與路易十四最貼近的圈子裡，而且這位君王是以絕對專橫的治術來號令家族成員之一舉一動的。

然而，無論任何事物也不能矯治巴拉廷納王妃桀驁不馴的作風，不能教路易十四所稱的那一張「大嘴巴」安靜下來。任何事物也都無法減弱她個性中那股精力，或是修正行為舉止裡的坦率態度：有次，她的兒子腓利普・得・奧爾良（Philippe d'Orléans，即未來的攝政王）向她宣佈，自己要娶

路易十四的一位私生女為妻，只見王妃二話不說，就在眾目睽睽之下，賞了她兒子一個響亮的耳光。另外一次，有位貴婦進宮向她請安，卻因她養的狗擋了路而跌跤，還差點栽進火爐裡。這番景象惹得王妃失聲大笑。還有一次，路易十四到了統治晚期，因見凡爾賽宮裡的至親接二連三逝世，下令不准臣下表現哀戚。唯獨巴拉廷納王妃盡情表現痛苦，甚至在打獵的時候，一面追逐雄鹿，一面哭個涕泗滂沱⋯⋯對於這種個性的人，加諸在女人身上的繁文縟節樣樣都是桎梏。偏偏在那年代，她所註定擔負的女性任務其一是花瓶般的擺設，其二則是繁衍後代。她說：「我這輩子最遺憾的就是生為女人，說實在話，我更適合擔任選侯國的君主，而不是某某的夫人 i。」

她貴為親王的配偶，然而親王卻是人盡皆知的同性戀。她完成傳宗接代的生殖任務，完全迎合了延續家族姓氏的要求，沒有違背期待。王妃生下三名子女，其中兩名並不算數，老大幼年夭折，另外一位則是女兒。親王算是走運，第三個小孩是兒子，於是親王便可高枕無憂，逞其斷袖之癖。夫妻兩人分房而睡，王妃再也沒能享受魚水之歡。她曾多少懷著淒楚、語帶諷刺說道：「要是整整十九年間不和丈夫行房，女人就可恢復完璧之身的話，那我必能變回處女 ii。」

說到擺飾功能，巴拉廷納王妃只能說是差強人意。她的長相毫不出色，又不懂得妝點門面、賣弄風情，而且素來無

法忍受人家在首飾服裝上虛擲時間以及心思。她的容貌天生
醜陋，又因長過天花，臉上便雪上加霜地佈滿坑疤，所以從
不讓人為她畫像。不過，她倒也能以超脫的態度談論自己那
欠佳的外表。當年，凡爾賽宮上上下下都熱中肖像畫，她的
因應之道可謂獨樹一幟。慶典啦、舞會啦、婚禮啦，在她看
來都是討人厭的義務，因為她得裝出歡樂神情耐受下去。王
妃從來不必擔心因為廣受注目而致窘困，但也不曾嚐過被尊
崇的陶醉感受。職是之故，她便能站在制高點，冷眼旁觀世
間群相。

　　在她筆下，宮廷可比一座監獄，危機四伏，令人無法暢
快呼吸，傲慢把戲與那惡毒口舌相互較量。雖可風光體面揮
霍大把銀子，可是實情卻是債台高築，財務狀況捉襟見肘。
自從丈夫死後，每年一月一日她從國王那裡領取一年開銷所
需要的數目，然而才過幾天，等到償清欠債，她又重新過起
一無所有的苦日子……很少人去探究官式形象後的實情，眾
人只知一味豔羨，但她卻揭露了王后們公主們那種孤寂生
活，只有眼淚往肚裡吞而且飽嚐壓迫的份。讀了她的文字，
我們更清楚瞭解到，在許多王后的肖像畫中，為何光彩奪目
的衣著飾物會和一張張目光空洞沒有神采、擠不出一絲笑意
的死板臉龐形成強烈對比。那不過就是「逆來順受」的臉啊！

　　大家都很明白，王室血親擇偶是將國家利益擺在最前頭
的。對於親王而言，諸多擇偶限制其實無關緊要：總不成把

愛情和政治聯姻混為一談吧。果真混為一談，傳出去還真能成為笑柄。歷史對待年輕女子的態度可就不同了。倒不是說她得全心全意愛她丈夫。她的義務還不至於到那地步。而是她得完全仰賴丈夫，所以無法到別處去自由獵食。少女一旦婚約加身，就得活生生從她的原生家庭、她的國家、她的母語被扯開去，然後置身於敵對的國度，以和約人質的身分獨處異鄉，而這和約正是她自己的父親和她未來丈夫兼主子的父親所簽訂的。這些用來當交換籌碼的異邦女子，好比聖像一樣被妝點得珠光寶氣，然後遣派出國，然後接受人家行禮如儀獻上崇敬之意。然而這畢竟只是一椿交易，它的氛圍冷漠無情、不顧廉恥，純粹政治算計而已。她們擔保政治同盟得以維持穩定，但其中的輸贏得失她們並不懂得。她們僅僅知道，一旦離開童年長成之地，一輩子再也休想回去了。

這類人物全都（或者幾乎全都）陷入絕望，只有極少數的能夠表現和麗茲洛特相同的活力。她曾寫信給自己的姨媽漢諾瓦公爵夫人道：「得‧瓦騰保（De Wartenberg）夫人曾對丹朵爾夫（Dandorff）說我哭喊到聲嘶力竭的地步，以致肋邊腫痛，這是真的。從史特拉斯堡一路到了夏隆，我就這樣整夜哭喊。我就是不甘心離開那些前來向我道別的人[三]……」

更常見的情況應是：她們委屈求全，竭盡所能參與歡迎儀式，心中痛苦不管多大，也要壓抑下來。例如瑪麗‧萊辛

斯卡（Marie Leszczyska）[16] 便是如此。當時法蘭西的滿朝文武無不哀嘆路易十五竟和門第不匹配的對象結褵，和一個連名字都不知該如何發音、被群臣冠以「波蘭女人」綽號的對象婚配。她就單獨一人，聽天由命，自己趕路前往法國。她的父親起先騎馬陪她走上一程，中途不吭一聲便回去，就是擔心正式送別會教大家肝腸寸斷。等她將頭伸出車窗，四周已是空無一人。

不過，瑪麗－安托奈特進入法國邊境時的「交人」儀式卻是十足具有戲劇張力。在那地點早先已為這場儀式特別起造一棟建築，而且這場儀式同時令人聯想到了傳授宗教奧義或是入監服刑前的搜身過程。這棟建築蓋在凱勒（Kehl）和史特拉斯堡中間萊茵河的小島上面，計有四個房間，朝河右岸的有兩間。瑪麗－安托奈特帶著侍從隊伍，以奧國公主的身分走進那裡。等她走進面向河左岸的兩個房間，她的身分已變成法國的太子妃了。為了達成這項轉換任務，她跨越了一條雖看不見、卻不能再回頭的中隔線。在踏過中隔線的前一刻，她把身上所穿戴的全脫下來，包括衣服、首飾、鞋子以及緞帶。王妃不能保有任何代表她從前生涯的物品，甚至連以前服侍她的侍女都不能隨行。她抵達法國了，然而赤裸而且孤單，獨自站在象徵法蘭西的房間裡面。儀式才剛結束，

---

16. 1703～1768 年，法國和納瓦爾王后，出生時為波蘭公主，其父親為波蘭國王斯坦尼斯瓦夫一世。她是路易十五的妻子，路易十六的祖母。

LA REINE SCÉLÉRATE

她已淚流滿面，癱軟在她新的專屬女官努阿耶（Noailles）伯爵夫人的懷裡。她的母親向她建議，甚至可以說是對她嚴格要求：「凡事要多多請教努阿耶侯爵夫婦，因為你是個務必討好法蘭西的外國人啊[iv]。」最初的幾個月，瑪麗 - 安托奈特的確遵從母命，但是沒隔多久，她很快就不耐煩了，只想擺脫那位被她起了「縟節夫人」綽號的努阿耶。康彭（Campan）夫人曾經撰文描述後者。對於一套已經消失了的文化，她的筆觸不能說沒有沾染懷舊的憂傷：「在努阿耶夫人眼裡，儀節是種氣氛[v]。」

然而，強迫自己活在那樣的氣氛中可不容易。巴拉廷納王妃幾乎快要窒息：「我必須很坦白跟各位講，這裡的人驕縱無禮，教我一直反胃。」這是她一開始投身於這種罕見的氣氛中便說出的話。瑪麗 - 安托奈特巴不得逃離它，替自己佈置出可自在徜徉其中的私人空間。其他王后，例如責任心以及使命感都很強的瑪麗・萊辛斯卡，終其一生都是戒慎恐懼，生怕犯錯，同時努力教人忘記她們外國人的身分。

要如何教這些年輕識淺而且遠居國外的少女卸下心防呢？她們除了必須用慣法文之外，尚得應付宮廷裡的細瑣禮節，那等於另外一種必須嫻熟駕馭的語言。人家動不動就嘲笑她們那無心的疏忽，傳誦她們犯的法文錯誤或是批評她們搞錯官銜職稱。路易十四的王后瑪麗 - 泰瑞莎（Marie-

Thérèse）[17]就始終無法擺脫她那一口濃濁的西班牙語口音。

「我們那已故的可敬王后說起法語腔調極怪。首先，她發不出ㄩ音，老是唸成ㄨ音。此外，還把毛巾（serviette）說成 servillieta，又把聖母（Sainte Vierge）說成 Sancta Biergen，把馬（chevaux）說成 eschevois，其他類似情況更是不勝枚舉[vi]。」路易十四的弟媳麗茲洛特注意到瑪麗－泰瑞莎的西班牙腔法語，但自己卻盡情使用日耳曼腔法語，而且敝帚自珍，說什麼也不肯從善如流！她那怪腔怪調可以說是始終如一，比方，巴士底（Bastille）這個字經她一說甚至一寫，竟變成了喉糖（pastille）。但是瑪麗－安托奈特就不同了。她從小說法語，而且幾乎很快就徹底擺脫了日耳曼腔。她把 Bastille 一詞唸得十分準確；即便後來在她最激動的時候，也不會把「佔據巴士底獄」說成「吃顆喉糖」（la prise de la pastille）這種句子！

在那愁悶的宮廷生活中，路易十四娶的配偶，也就是已故的瑪麗－泰瑞莎王后想必生前經常要對她的 Sancta Biergen（聖母 Sainte Vierge 用西班牙腔來唸）發起牢騷。凡是為她立傳的人，無不採用輕蔑筆調為之，說她「善良而且虔誠，

---

17. 西班牙的瑪麗－泰瑞莎（1638～1683年），法國國王路易十四第一任妻子。她以美德和虔誠聞名，為路易十四生下一位男性的王位繼承人後，才勉強算履行她身為王后的職責（因為她有五、六個孩子都在襁褓期間夭折）。在歷史記載中，她經常被視為丈夫強權下的一個可憐人物，主要因她無法選擇，只能默默忍受丈夫許多風流韻事。

但是容易輕信別人，迷信聖蹟已到愚蠢地步，天天只會打牌，這裡吃一點那裡啃一點，把個身軀養得極肥，不但酷食大蒜，而且巧克力一杯接一杯喝下，似乎很懷念祖國西班牙。根據朝臣們的說法，她那口牙正是因此糟蹋成黑色的」。她這種由憂鬱症所引發的暴食症沒什麼好用諷刺的筆調橫加揶揄。我們必須以她臨終前的那幾句話來看待她在法國宮廷的生活：「我這一生自從做了王后，真正享受過的快樂日子不過一天而已……」

　　路易十四的配偶由於日復一日思念祖國西班牙而萎靡頹喪，但是對於一位法國公主而言，西班牙宮廷才真是人間地獄。麗茲洛特曾經記錄過瑪麗．路易絲．得．奧爾良（Marie-Louise d'Orléans，路易十四之弟親王菲利普與第一任妻子英格蘭的昂莉艾特〔Henriette d'Angleterre〕所生之女）初為西班牙王后時的景況：「今天我收到她寫來的信，從這些信還有從那些自西班牙返國的隨從口中即可推知：西班牙必是全世界最可怕的國家，生活方式枯燥乏味，你能想像多麼無聊就有多麼無聊。可憐的孩子啊！我是全心全意為她叫屈，竟然得在那種國家過一輩子，唯一的慰藉應該就是從這裡帶去的那幾隻狗兒。西班牙人已經要她遵守『莊重』禮節，其程度嚴厲到不准她和以前服侍她的男性隨扈說話。即便需要溝通，也只能趁走過他們身旁之際點點頭或是擺擺手而已 ⅶ。」

　　不但儀節項項講究莊重，而且對於王后必須貫徹隔離原

則。凡爾賽宮還非常時興另一種欺壓人的內規，因為這能提供朝臣尋開心的機會，但有時候操作得太過火，再加上新點子層出不窮，毫不誇張真會整死人的。這種慘事就發生在路易十四媳婦瑪麗-安娜‧得‧巴伐利亞-諾伊堡（Marie-Anne de Bavière-Neubourg）[18] 身上：「可憐太子妃的情況變得十分糟糕，如今託付給一位外號叫做「天使」的嘉布遣（Capucin）會修士。由於不斷受到挫折、飽嚐失望，她可以說是活活被人逼死的。他們殫思竭慮，打算把我整成她那樣子，殊不知我好比堅硬的胡桃核，才不像太子妃那樣一壓就碎 [viii]。」

即便一剛開始，那些新來的后妃由於個人的魅力或是由於她們為宮廷一成不變的生活注入新鮮元素而受歡迎，但大家很快就膩了。接著，大家不是發動猛烈攻勢，處處要教她們難堪，就是忽視遺忘她們，教她們在懷孕生子的循環中辛苦度日。反正娶她們來不就為了這個？凱撒琳‧得‧麥第奇嫁給亨利二世之後的最初十年沒有生子，不過後來卻接連懷孕十一次並且生下十個小孩。正因如此，亨利二世有的是閒功夫和他情婦戴安娜‧得‧普瓦提耶（Diane de Poitiers）[19] 陳倉暗度。瑪麗‧萊辛斯卡嫁給路易十五之後，

---

18. 1660～1690 年，巴伐利亞選侯國國王麥克西米連二世（Maximilien II）的姊妹，1680 年嫁給路易十四的太子路易，係日後路易十五的親祖母。

19. 1499～1566 年，是法王夫杭索瓦一世（François Iᵉʳ）和其子亨利二世（Herri II）在位期間一位重要的宮廷貴族女性，後來成為亨利二世的「首席情婦」，更曾公開和亨利一起行使政治權力，威風一時。亨利二世在比武中受傷死亡，黛

九年之中連續生了九胎……正如麗茲洛特所言，只有傻瓜才會嫁入王室，更有甚者，儘管她們經年累月被人漠視冷落（她們那條命的價值僅僅止於受孕繁衍這種生理功能罷了[ix]），但依然代表了外國勢力，也就是說，那潛在的敵對勢力。她們有如間諜一樣被人監視，而且書信來往也要遭受檢查。這種公安措施曾教麗茲洛特大發雷霆，而她又是沒有耐性字斟句酌的人（她很討厭路易十五的情婦滿特農〔Maintenon〕夫人，因此在書信裡把她說成「那個死命抓大權的」、「骯髒的二手貨」、「垃圾夫人」……），就曾經當面對檢查信件的人說道：「今天早上本妃特別開心，因為同時收到了我姑母寄來的兩封信。教我驚訝的是，第一封還在漢諾瓦的時候就被拆開來，而且人家接著還恬不知恥把頁數都弄亂了，這是故意做給我看。兩封信都被檢查過，所以信紙才會混在一起。我能想像，只有普拉騰（Platen）侯爵那醉鬼才會幹出這種勾當。歡迎他讀讀今天我回給姑母的信，領教一下我如何算他這筆賬[x]……」

瑪麗-安托奈特比較精明，相對不愛高調挑釁，因為她會善用自己吸引人的氣質，根據談話對象的期待以及願望來修飾答話，但仍免不了要抱怨身邊到處有密探潛伏著：「太子妃不相信什麼樣的文件能夠保密。她也擔心有人複製鑰

安娜遂失勢。這場比武，法王的長矛不繫王后的彩帶，卻繫黛安娜的，其受寵的程度可見一斑。

匙，擔心有人夜裡從她的口袋裡掏去複製 [xi]。」

這些公主形同人質，因此睡覺恐怕只敢閉一隻眼。宮廷生活表面風光，那是虛榮和逢迎的場所，最時髦的舞步在此婆娑迴旋，然而鬥爭亦是無時無刻不在進行。她們首當其衝，冒著被犧牲的危險，膽戰心驚度過日子。麗茲洛特抵達凡爾賽宮之時已經知道，自己是在英格蘭的昂莉艾特（Henriette d'Angleterre）[20] 之後嫁給路易十四的弟弟親王菲利普（Philippe）[21] 為繼室的。根據謠傳，昂莉艾特極有可能是遭她那同性戀丈夫的情人下藥毒殺而死。同樣，奧地利的女皇得知女兒瑪麗-安托奈特懷孕的消息後，也告誡她必須提防別人下毒……

這種無止盡的擾亂足以教人精疲力竭，因為它將政治、情感、官式身分等等因素攪在一起。在這樣的消耗戰中，勝方很少會是女人（例如，後來人家不再准許麗茲洛特和她親生小孩獨處：「只要我和兒女說上兩句，人家就對他們進行半小時的訊問，打聽我這母親都對他們灌輸什麼 [xii]」）。能在宮廷保住一條活命就算輝煌的成就了，至於自由，想都別

---

20. 1644～1670 年，係英國斯圖亞特王朝國王查理一世（Charles I）最小的女兒，幼年時即因英國國內清教徒革命而與母后避居法國宮廷，後嫁給路易十四的弟弟菲利普親王。

21. 1640～1701 年，路易十三與奧地利的安娜（Anne d'Autriche）之子，又稱奧爾良公爵（duc d'Orléans），是比路易十四小兩歲的弟弟，也是法國王室奧爾良旁支的始祖。

想。經過長年堅忍不拔的抗拒後，麗茲洛特不得不服輸了：「他們蓄意折磨我到元氣耗盡，剝奪我行動自主的權利，雖說高居親王妃的地位，我別指望外出旅行 [xiii]……」在我眼裡，她這屈服比起任何將軍在戰爭時投降更加動人心弦，更加崇高壯闊，因為她結束了一場徹頭徹尾勢單力孤之戰，結束一場由於不曾公開宣戰因此更駭人的鬥爭。

我在這本書中打算以獨特的風格敘述一位王后遭人推上斷頭台的過程，可是卻以向麗茲洛特致敬的方式開場，其原因是：在諸多后妃公主的生涯之中，只有她說出（甚至高聲喊出）這類女人的真正處境。她的證言逼使我們正視一個事實：她在宮中必須時刻戒慎恐懼、發揮機巧心思，方能抖落累加在身上的沈重壓力，而不至於覆亡，方能脫離教她混吃等死、形同行屍走肉的那渾噩狀態。讓我們回到瑪麗 - 安托奈特的案例：當後世想像這位被法國大革命明確定位成人質、而最終也是以這個身分被處死的「奧地利女人」時，我們應該提醒自己：她的處境有多艱困。正是這種處境決定了一位王后的行為以及情感模式，就算這位王后個性有多浪漫也是一樣。所以，瑪麗 - 安托奈特在處理自己和路易十六的夫妻關係時，並沒有選擇的自由。最理想的策略就是把丈夫變成可靠的盟友，而且她也善用自己所擁有的權柄，努力達成此一目標。奧地利駐法大使梅爾西 - 阿爾強托（Mercy-

Argenteau）寫道：「太子妃殿下最滿意的一點是：她在太子殿下心目中的地位與日俱增。毫無疑問，只要稍微謹慎自持，她將完全迷住太子殿下 xiv」。那她到底愛不愛路易十六呢？這個問題其實並無太大意義，而且瑪麗 - 安托奈特對此也有了悟。她曾經向母皇宣稱（多少帶有宿命觀的味道）：「女兒深信，要是我能自由決定他們三兄弟中誰來做我丈夫，我仍會選擇上天賜予我的這一位 xv……」

同樣，瑪麗 - 安托奈特對長相俊朗的艾克賽勒 · 得 · 費爾森（這位瑞典侯爵能教易動感情的人想入非非）情有獨鍾，也應該被視為政治策略上的考量。路易十六被處死後，費爾森的支持與否其實和王權復辟的鴻圖大業息息相關。按照這場盤算，攝政大權將會落入瑪麗 - 安托奈特手裡，而費爾森在宮廷中也將發揮關鍵性的影響。這位瑞典貴族遠非浪漫文學中的英雄或是田園牧歌中的人物，反而較像短喜劇的角色。他是身著藍色制服、經常進出特里亞農宮的軍官，不但天性酷嗜權勢，而且冷峻固執。只因他的長相極為出眾，才會被誤認為是顆多情種子。只要檢視他年輕時期所寫的日記便可明白，行文之中不見半點情緒波動，同時流露生性穩健、思路縝密（但也了無生趣）等等特徵。費爾森的腦中只有一個頑念：經營一個優雅高貴的上流社交圈。只要看他的日程表，我們就會得到一種印象：他想用輕佻膚淺而且繁忙的社交活動來掩蓋百無聊賴的生活基底。比方，以下就是

他首度逗留巴黎的時候,在《私密日記》（*Journal intime*）中所記下的文字:「一七七四年的一月一日,這天該進凡爾賽宮裡向國王賀年,同時參加聖靈騎士團（ordre du Saint-Esprit）[22] 的儀式。當天八點我就已經吩咐把車備好,誰料竟然因故不得準時出發,惹得本人不停咒罵。直到八點三刻,裁縫師才把前一天早上我訂做的皮裘送來。十點我才抵達凡爾賽宮。儀式不過只是一場彌撒,國王以及所有騎士率皆盛裝出席。用過午膳之後,我和科茲（Creuts）侯爵一同去拜訪杜·巴利（Du Barry）夫人 [23],那一天是夫人首度與我談話。告辭出來,我們返回巴黎,到了家裡,累得倒頭就睡。」

費爾森一生未婚。他前後拒絕了幾門親事,其中包括賢臣內克爾的女兒,亦即日後法國浪漫主義的文壇健將史塔埃夫人（Madame de Staël）[24]。費爾森以如下文字形容這位本來也許可以成為未婚妻的名媛:「我只在路上見過她一次,現

22. 1578 年由法國國王亨利三世成立的騎士軍團,其勳章固定搭配藍色飾帶。此騎士軍團乃法國歷史上最具威望者,成員須為貴族且人數固定為一百。

23. 1743 ～ 1793 年,平民出身,曾為巴黎上流社交圈的交際花,後又憑著出眾姿色與靈活手腕成為路易十五最後一任情婦。恐怖統治時期被控資助反革命者而被推上斷頭台。

24. Germaine de Staël, 1766 ～ 1817 年。法國女小說家、隨筆作者,祖籍瑞士法語區。其父親是瑞士日內瓦銀行家內克爾,隨後成為法國國王路易十六的財政大臣。她從小生活在一群常常光顧她母親沙龍的資產階級知識分子中間。1786 年她嫁給了瑞典駐法國凡爾賽宮的大使得·史塔埃公爵（1749 ～ 1802 年）,對方比夫人年長 17 歲。1794 年她與作家、政治家班傑明·康斯坦（Benjamin Constant）相識,並與他產生一段轟動的愛情故事。她將當時德語作家的浪漫主義作品介紹到法國,並且推廣開來。

在如何再也想不起來她的面貌。只記得沒什麼教人不舒服的地方，而且體態相當勻稱……」

　　他在瑞典被公認為貴族階級最上層的龍頭，並堅決反對任何形式的民主政治。法國大革命的爆發以及王后被人處死只是更強化了他的信念而已。因此，一八〇九年瑞典爆發大革命，古斯塔夫四世國王遭罷黜後，他被大家視為第一該殺的人。一如瑪麗－安托奈特在法國人民的觀感之中既傲慢又奢靡，費爾森在瑞典群眾眼裡同樣惹人嫌惡。

　　一八一〇年六月二十日，在奧古斯騰堡（Augustenbourg）親王的喪禮舉行時，因為盛傳是他派手下刺死親王的，所以當場就被暴民處決。在群眾那集體歇斯底里的盛怒中，他被人用石塊狠砸、以拐杖和傘柄毆擊，渾身沾滿污泥以及痰液，最後再被踩踏、撕裂肌膚而死……那時從他身上搜出一封別人威脅他的書信：「儘管你那惡貫滿盈的爹、那目中無人的傲慢傢伙得以善終，儘管他用最寡廉鮮恥的手段盜走國家財富，儘管你那支撐一顆蠢腦袋的長脖子逃過法蘭西的斷頭台，儘管你的姊妹下毒殺人，至今仍未受到司法正義斧鉞加身，儘管你那絲毫不收斂的自大狂妄尚未遭到懲治，但是請你務必先聽清楚：尚未執行的事並不代表不會發生。國家一旦因絕望而陷入衝天怒火，那是很恐怖的。」

　　瑪麗－安托奈特到底愛不愛費爾森呢？請別問我答案。我只強調：他們各自的公共形象和政治下場實在相似。

歷史著作中的王后沒辦法和童話故事中的王后混為一談。她們頭上那后冠的鑽石閃亮耀眼，但不該遮蔽我們的視線，使我們看不清她們婚姻所隱藏的現實，亦即政治上的協定交易。就算她們能有一段什麼私情，那種情況也是極為罕見，而且必須謹慎從事。

　　後來，拿破崙和約瑟芬離婚後想要再娶，驅使他的動力不再是愛情而是理智了。這種現實考量繼續佔了上風，其粗暴蠻橫的程度更是有目共睹。他搶在俄國沙皇婉拒把姊妹安娜公主許配給他之前，轉而向交惡十二年的奧地利王室求婚。他對本國的外交部長下命令：「明天晚上請部長再度派人送信去聖彼得堡，告訴他們，我決定要娶那個『奧地利女人』。」這個女人便是奧地利公主瑪麗 - 路薏絲，亦即瑪麗 - 卡洛琳（Marie-Caroline）[25] 的孫女，所以也是瑪麗 - 安托奈特的甥孫女。

　　拿破崙派人將婚約協議書送去維也納，其文字竟然襲用當年法國太子路易和瑪麗 - 安托奈特公主的那一份。這彷彿是在嘲弄為法國大革命奠基的先烈，並且把渴求正統的那種鬧劇徹底重演一遍。為了慶祝這件大事，當局在歌劇院推出

---

25. 1752 ～ 1814 年，奧地利女皇瑪麗 - 泰瑞莎的女兒，出生時為奧地利女大公，之後成為那不勒斯和西西里的王后。她在十六歲時與費迪南多一世結婚，並且是瑪麗 - 安托奈特最喜愛的姐姐。

格呂克（Gluck）[26] 的名劇《奧里德的伊斐珍妮》（*Iphigénie en Aulide*）。在座貴賓包括神聖羅馬帝國皇帝法蘭西斯二世以及他的所有廷臣。這齣戲先前於一七七四年在巴黎首演，那是當年瑪麗-安托奈特很得意的盛事。拿破崙未來的皇后坐在父皇法蘭西斯二世身旁，聆聽舞台上的演員詠唱阿加曼儂（Agamemnon）必須殺女獻祭時的痛苦：

> 是我決定了自己的命運：
> 我的膽大妄為
> 加快了威脅她生命安全的那一擊；
> 她的死期在即。
> 士兵們，快過來……天哪！我在做什麼呢？
> 真是天良盡喪，我竟然親手把女兒交給他們；
> 我這女兒，長久以來不都是我的心頭肉？
> 我覺得心肝被撕扯碎裂：
> 不行，她得存活下去……哎呀！我這麼懦弱嗎？
> 眾神偏不教她活命，為了保護她的性命，
> 難道我該犧牲希臘的利益嗎？

---

26. 1714～1787，德國作曲家，曾在布拉格學習音樂，後去義大利學習歌劇創作，畢業後去英國旅行。1750年結婚後定居維也納，四年後任宮廷歌劇院的樂隊指揮，並創作了大量的義大利田園劇和法國喜歌劇。1762年，他在《奧菲歐與尤莉蒂斯》中嘗試改革，創立了一種新的義大利歌劇風格。其一生創作了一百餘部歌劇，但當中很多已經遺失。

瑪麗-路薏絲在維也納向父皇道別，到達邊界以後，由
那不勒斯的王后負責迎迓。王后請她和自己最忠實的朋友兼
貼身女官拉桑斯基（Lazansky）夫人道別。奧地利公主在法國
受到熱烈歡迎。在史特拉斯堡、盧內維勒（Lunéville）、南錫，
到處是薄海歡騰的景象。

　　拿破崙的御駕在巴黎北邊的孔比埃涅（Compiègne）等
著，那裡正是當年路易十五和太子等待瑪麗-安托奈特的地
點。

---

i　　*Lettres de la princesse Palatine*（1672-1722），Paris, Mercure de France, 1985, p.201.

ii　　*Ibid.*, p. 134.

iii　　*Ibid.*, p. 31.

iv　　*Marie-Antoinette, Correspondance secrète...*, *op. cit.*, t. I, p. 3.

v　　Mme Campan, *Mémoires sur la vie de Marie-Antoinette*, Paris, Nelson Édition, 1823, p. 40.

vi　　*Lettres de la princesse Palatine, op. cit.*, p. 274.

vii　　*Ibid.*, p. 45-46.

viii　　*Ibid.*, p. 93.

ix　　既然身負產育任務，她們對於婚姻的忠誠度不可絲毫招人猜疑，然而做丈夫的在外拈花惹草卻是天經地義的事。

x　　*Lettres de la princesse Palatine, op. cit.*, p. 399.

xi　　*Marie-Antoinette. Correspondance secrète...*, *op. cit.*, t. I, p. 75.

xii　　*Lettres de la princesse Palatine, op. cit.*, p. 65.

xiii　　*Ibid.*, p. 300.

xiv　　*Marie-Antoinette. Correspondance secrète...*, *op. cit.*, t. I, p. 24.

xv　　Ibid., t. II, p. 404.

無可救藥的人

嚴厲譴責無濟於事

　　潑糞刊物的文字或是言詞（這種文類介於口說以及書寫之間）自有其特徵，其中首重誇大。潑糞文宣最強調語不驚人死不休，淋漓盡致發揮修辭學的各種誇大技巧。它才不屑中庸之道或是弦外之音等等溫和手法，絕對不肯保持中立。那種詆毀文字就算呈現客觀立場，也只是虛偽掩飾的偏袒手段，也只是遮蓋激動情緒的方法。這些過火措辭完全不知節制，非得朝惡的那一面推到最高等級不可。這類諷刺誹謗文字裡的主角一定比實際的狀況壞上許多，他們在作惡的圖表中註定一直走上升曲線。這種要求說不定會讓畫連環漫畫的人創意泉湧。例如某本修理莫希（Maury）修道院院長的小冊《國民議會中新的癟三大人又名逛妓院的莫希修道院院長》（*Le Nouveau Dom Bougre à l'Assemblée nationale ou l'Abbé Maury au bordel*）便是如此。它向讀者揭露這位「肏功一等一的大師」（maître dans l'art de la fouterie）自從「調教王后以及數以千計的奇女子還有多位知名人士」之後，正為招收不到新學生而發愁。不過，如今進了國民議會，他必可以為他那淫穢的天賦另闢蹊徑。「這處國立妓院男女雜處」，卻遠遠無法填飽莫希修道院長的胃口，因此，小冊作者寫道：「幹到無人可幹之後，他會爬上屋頂去插貓的屁眼……」

　　每當這類逾越分寸的想像力枯竭以後，文氣就會減弱。此時，唯一可行之計就是冷飯不斷重炒，將那些罪無可逭的

醜事以另外不同的節奏反覆重彈。潑糞刊物不厭其煩重彈舊調,簡直可比喻成家庭裡的齟齬(作者裝出可和你無話不談的舊相識),有哪件事能夠不被當成舊帳翻出來呢?而且是一而再、再而三地清算。相同指控一直複誦下去,沒個完了,永遠不嫌煩膩。不但不嫌煩膩,反而還以混雜幼稚和激奮的漸強態勢延燒下去。他們不知疲累,一再振振有辭,把王后抹成包藏各種罪行的淵藪,一再張揚它傳誦它,津津有味刻劃細節。那些毀謗起初不過是流傳在朝臣間的閒言閒語,之後才向外快速溢流到巴黎市裡。以王家宮殿(Palais-Royal)為主要販售點的潑糞刊物人發利市,另一方面,報紙事業也在蓬勃發展,結果造成如下現象:惡意中傷的謠言變成日益壯大的怪獸,準備摧毀一切、吞噬一切,甚至威脅到那些自以為能掌控它並且從中撈取利潤的人。里涅(Ligne)公爵[27]素來與王后友善,就對這種不義之舉感到憤恨難平。他說瑪麗-安托奈特因為「感激多名忠誠人士表現出的友誼,這樣就被渲染成了『男歡女愛』……王后晚間會在布隆森林的空曠處騎馬閒逛,偶爾也到橘園溫室裡面聆賞音樂,所以看來『十分可疑』,而她那些再普通不過的消遣娛樂似乎件件『罪大惡極』。她對別人一向和善可親,又被指為『賣弄風騷』[1]……」。

---

27. 1735～1814年,此處係指第七代的里涅公爵 Charles-Joseph Lamoral。他是出生於比利時的奧地利陸軍元帥,於七年戰爭中戰績彪炳,亦是奧國皇帝約瑟夫二世的摯友及重臣,而且平生雅好文學。

若說「毀謗」這隻長了一百個頭、發出一百種聲音的怪獸攫取了王后生活中最細微的瑣事，然後特別將其繪聲繪影抹成醜陋不堪，那也是瑪麗 - 安托奈特懷了第一胎之後的事（即一七七八年）。這當中其實牽扯到王朝世系存續這個極現實的政治賭注。從那時起，對王后的挑戰正式展開。革命黨人只需把保王黨已經累積得很豐富的戲碼依樣畫葫蘆再重新搬演一次。一切惡意都聚焦到這名地獄之后神秘且具摧毀性的人身上面。無的放矢的手法奏效了，到了「項鍊事件」發生之際（一七八五年），有心人士更是歡天喜地到達高潮。同樣在那一年，瑪麗 - 安托奈特獲得王夫允許，在特里亞農宮的私人劇場裡推出鮑瑪榭（Beaumarchais）的《塞爾維亞的理髮師》（*Le Barbier de Séville*），並且親自粉墨登場，飾演侯辛娜（Rosine）的角色。

　　一七八九年報禁一旦解除了，再無任何顧忌可以阻止對王后「罪行」的幻想，而且猥褻情節越描繪越細緻逼真。那批潑糞刊物作者滿懷激烈情緒，將王后那被糟蹋的人身大剌剌地公諸於眾。王后綿長的淫史中充斥各種猥褻想像，壯闊程度有如英雄詩歌。這類想像從這本小冊漫淹到那本小冊，潑糞文宣成為它宣洩的上選工具，其中數一數二擁有最多讀者，而且再版次數亦很多的作品首推《法蘭西王后奧地利之瑪麗 - 安托奈特生平事蹟的歷史評論，權充該公主的傳記》（*Essais historiques sur la vie de Marie-Antoinette d'Autriche, reine de*

France, pour servir à l'histoire de cette princesse）（一七八九年）。
作者在序言中宣稱：「各位讀者將讀到的那些不可思議的事
並非鬧著玩而杜撰出來。就算出於趣味稍加誇張，至少還是
真人真事"。」一旦作者下筆務求辛辣聳動，那麼即便仍有真
相也是微乎其微。瑪麗－安托奈特的壞底子已然成形，於是
大家總可以從裡面找出點什麼新材料來編造新故事。這也鼓
動讀者加入醜化王后的大隊裡。讀者隨心所欲將潑糞刊物提
供的故事梗概鋪陳開來，那類故事不是諷刺便是造謠：「這
點並不困難，畢竟不管是誰都可以在他已知的或是將讀到的
材料上面隨事增華；其實有誰不懂得說刻薄話呢"？」

愛說什麼都沒有人干涉。這種遊戲於焉展開，在於找出
最鋒利的箭鏃，亦即抖出最驚悚的卑劣行為。群眾的想像力
脫韁而出，而在政治的角力場，它也同受激化。王后及其圈
子當然成為革命派報章刊物的首選箭靶，不過法國大革命的
要角們在其內部的鬥爭中也同樣使用潑糞文宣這項武器。由
於為害甚烈，有人感覺震驚，於是在國民議會中展開辯論。
潑糞文宣的受害者牢騷不斷，認為區分「誇大其詞」以及
「純屬杜撰」的那條線並不足以保護他們。依這些人看來，
一切羞辱他們的文字根本是空穴來風、無的放矢。在那時
代，輿論可說是無冕王，所以他們所面臨的危險可謂不小。
一七九一年一月，馬盧埃（Malouet）呼籲國民議會起訴惡意
造謠生事的人：「我想，現行那種無關痛癢的措施並無法消

除放肆行為所造成的痛苦。我的結論便是：制定一套處罰潑糞刊物作者、印刷商與散播者的法律，一旦犯了錯就不留情面，因為他們心懷不軌，只想煽惑群眾做出違法亂紀的事。」

巴爾納夫（Barnave）[28] 卻持不同意見，他說：「本人由衷相信，凡是關心公共議題勝過關心自己的人都偏愛出版自由的立場，就算有些負面訊息直指他們、造成他們的不便利也是一樣。因此，贊同自由的人，不管出於利益或是一己偏好，都會認為：我們批評公眾人物，應該無話不可表達，無書不可付梓，因為他們身負保障公共福祉此一重責，必須接受檢驗。加諸人身的不便利遠遠不及法律箝制思想自由的不便利，思想自由才是所有事物中最神聖最寶貴的。總而言之，公眾人物不應在意人家散佈對他們不利的謠言。如果他們行為端正，善用自己所保有的行動自由以及自由表達意見之權，那些毀謗言語自然站不住腳。關於馬盧埃先生的提議，本人質疑它是否具有討論的價值。」（《古之明師》，*L'Ancien Moniteur*, n°20，一七九一年一月）

巴爾納夫倡言出版自由之際，那些潑糞刊物的作者完全不領情，仍以他為靶心，寫作並且出版詆毀他的言論，比方出版於一七九一年的《愛國妓院》（*Bordel patriotique*）在第二幕開端就寫道：「巴爾納夫的雞巴捅進了黛華妮

---

28. 1761～1793，法國大革命時期的一位政治家，與米哈伯關係密切。他因與瑪麗·安托奈特試圖建立君主立憲制而聞名。

（Théroigne）[29] 的騷屄，而巴伊（Bailly）[30] 又狂齧巴爾納夫的小菊花；拉法葉則再度騎到王后身上，然後使勁抽送……」

巴爾納夫聲援潑糞文宣享有自由表達之權，此一立場其實是受盧梭有關真相之論述的啟迪。這種立場採納了潑糞文宣的基本原理，亦即在公眾人物生活的公領域和私領域間劃上等號（所以，如果我攻擊前者，後者也不該倖免）。為使真相無論如何都要彰顯出來，他們徹底信賴行動所產生的力量，信賴行動它的透明，信賴那激發行動的意圖，信賴那促成行動的良知。從這一點來看，盧梭發揮的影響力再清晰不過了，因為他對於任何形式的中介（尤其是書寫的）都懷有很深的不信任感。

基於其他理由，瑪麗-安托奈特其實也不反對潑糞文宣作者們的自由表達權利。特別是因為她選擇忽視，對其中的叫囂謾罵充耳不聞。文章裡的斥責如此猛烈，民怨如此怪異而且猝不及防（雖說這股民怨有時正以它的笨拙愚昧達到改

---

29. Anne-Josèphe Théroigne de Méricourt（1762～1817），原籍比利時盧森堡省的女歌手兼演說家，是大革命期間極活躍的組織能手，曾參與攻陷巴士底監獄的行動，並於 1789 年 10 月間率領巴黎市民赴凡爾賽宮向王室抗議。1792 年 8 月，她與巴黎市民佔領杜樂利宮，後來亦在議會大顯身手。據說德拉克瓦（Delacroix）的名畫《自由引導人民》（ La Liberté guidant le peuple）中「自由」的巾幗形象即是黛華妮。

30. 1736～1793，法國天文學家及演說家，大革命早期的領袖人物之一，於 1789～1791 年間擔任巴黎市長，恐怖統治期間被推上斷頭台。

革目的），瑪麗－安托奈特始終都以全然無所謂的態度應對。

她在寫給母皇的信中則以輕鬆詼諧的語氣說道：「我們身處諷刺歌謠大流行的疫區，宮廷的人不分男女一概變成眾矢之的。法國人的習性輕浮，就連國王也難倖免，淪為箭靶。人家當然也沒饒過女兒。這裡的人喜歡逞惡毒之口舌，說出話來既乏味又低俗，所以一來達不到嘩眾取寵的目的，二來高尚文雅的上流人士也不屑一顧[iv]。」（一七七五年十一月三十日）

瑪麗－安托奈特對潑糞刊物的潛在危險完全不予置信，那是因為她過度信賴自己生長的皇家圈子。然而維也納是個沒有事端滋生的世界，時間不過等同於一套不斷重覆的儀式。法國大革命發明了以特殊事件標幟時間的概念，而報紙刊物正是這種時間的喉舌與原動力，它和舊王朝那種一成不變的時間大相逕庭[v]。瑪麗－安托奈特她站在超越時間的高度俯臨天下，亦即是后權神授的高度。因為自己出身不凡，她只隸屬於永恆的歷史，而這一種歷史有個特質，即是忽略一切人性的卑劣面。大革命強化了瑪麗－安托奈特，甚至讓她在單向思考永恆意義的時候激奮不已。

然而，奧地利女皇瑪麗－泰瑞莎具有實際治國的豐富經驗與政治智慧，所以她深知法國政府脆弱的體質以及導致法奧兩國對立的舊仇是什麼。在她身上找不到瑪麗－安托奈特的那一份泰然自若。她很清楚人性的卑劣面，知道那是件有

效的武器，所以寧可密切加以監視。諷刺歌曲或者毀謗文宣絕對不會教她幽默以對。一七七四年八月間，鮑瑪榭轉呈一本醜化瑪麗-安托奈特的小冊，女皇除了下令立刻將他逮捕之外，還寫下了：「朕不曾看過比這個更凶惡的東西！」這本小冊的名稱是《西班牙旁支對後嗣乏人之法蘭西干位繼承權的重要聲明，這對整個波旁家族均有益處，對於路易十六國王尤其如此》（*Avis important de la branche espagnole sur ses droits à la couronne de France, à défaut d'héritiers, et qui peut être utile à toute la famille de Bourbon, surtout au roi Louis XVI*）[31]。瑪麗-泰瑞莎經常和維也納駐法國的全權大使梅爾西-阿爾強托連繫。後者既然是女皇忠心耿耿的密探，不僅將法國政府的諸多決定密報給她，同時也把她女兒的一舉一動加以詳盡記錄。

瑪麗-安托奈特嫁到法國之後，每月月初即有信差從維也納出發，途經布魯塞爾到巴黎去。當月的十五日，則又有另一名信差從凡爾賽宮廷動身，攜帶瑪麗-安托奈特的一封親筆信以及梅爾西-阿爾強托的兩份報告遠赴奧國首都。後者那兩份報告的其中一份稱為「公開」（ostensible）文件，內容鉅細靡遺描述了王后的日常作息，第二份是「單獨呈給」（tibi soli）瑪麗-泰瑞莎過目的機密文字，讓她瞭解比較非

---

31. 路易十六夫婦結縭多年一直膝下無子，西班牙王室的波旁男性旁系因此具有繼承法國王位的機會。

官式的訊息。瑪麗 - 安托奈特從不知道有這份呈給她母皇的密件，所以對於母親彷彿無所不在、掌握她生活細節的情況倍感驚奇。女皇常在寫給女兒的信裡面將她訓斥一頓，而所提及之事，瑪麗 - 安托奈特本來以為該是神不知鬼不覺……這種現象竟然不教她起疑心，這表示她根本就不在乎。顯而易見的是，對於那一些來自外部的匿名潑糞刊物，她一律都淡漠以對。

　　然而，瑪麗 - 安托奈特實際上並無法真正擺脫潑糞刊物。國王以及其他王室成員也是。不管她在凡爾賽宮或是到巴黎的歌劇院裡看戲，在許多場合中都能感受它的力道。她的沈著冷靜和敵人的張狂凶狠正好都成正比增強，只是，這種從外在世界湧現的粗暴無法傷害王后。根據龔古爾兄弟的說法，「在她分娩前的幾天，有人從小圓窗扔進一本手寫歌詞，內容諷刺瑪麗 - 安托奈特以及宮廷裡的其他貴婦 vi」。其實，此一舉動形同明珠暗投，因為這階級的女人對於潑糞刊物根本不屑一顧！

　　那些潑糞文宣，就算不偏不倚，正中受辱者的要害，也絲毫不會令王后心煩慮亂。首先，也許因為她對任何書寫的文本都興趣缺缺。閱讀教她感到枯燥無味。這種活動要求讀者靜止不動，而且還要持續專心方可。據說她在凡爾賽宮居住的歲月中，人家從不曾見過她讀完一整本書（不過，究竟因為她對閱讀心生厭惡，還是寧可不要知道結局？）。如果

她天生就不愛看書，那麼又何必特別強迫自己挑選那些來意不善的材料來讀？（從她和母皇瑪麗 - 泰瑞莎通信的內容看起來，她也不具備委屈求全的本事。）當然，潑糞刊物的優點便是篇幅短，然而這項優點又被它汗牛充棟的數量抵銷掉了。職是之故，在舊政權當家作主的幾個世紀中，雖然禁止它的刊行並且迫害它的作者，種種措施皆是失敗收場，原因並非當局不能貫徹立場或是缺少鎮壓方法。羅貝特 · 達恩通（Robert Darnton）寫道：「公安當局嚴密監視各種潑糞文宣，因為它對輿論造成很嚴重的影響，而輿論在舊政權衰微的過程中又是一股不可小覷的力量。」同時因為「政治操弄都在宮廷完成，而且在那其中，人的地位重於權術謀略 vii」，那些小冊的重要性又更突顯。它的文字只玩一種把戲：針對人物進行漫畫式的諷刺以及醜化。

面對以她為潑糞題材的刊物，瑪麗 - 安托奈特所表現的無憂無慮意味：她對自己所居住的那三四間城堡外的天地一無所知而且心態輕蔑。城堡鐵柵欄外面的世界在她看來如此模糊，甚至不見面目。我們不要忘記，除了那趟在她十五歲時將她從維也納送往凡爾賽的旅程以外，除了前往理姆斯接受加冕禮的另一趟旅程以外，她從不曾在法國的境內走動。她甚至要等上三年才獲得官方的許可，正式走出凡爾賽宮前往巴黎市區！當然，後來她曾偕同夫王外逃至瓦雷納，但那不是預先安排好的旅行。那麼路易十六呢？也一樣。他只有

一次前往諾曼第海港翁夫勒（Honfleur）的遠行經驗……在王后的眼裡，世界只是「空洞」的代名詞。世界僅以袖珍玩物的形式存在於她所鍾愛的小特里亞農宮中，在那裡面，她幻想著重建整個宇宙，也曾異想天開，令人堆造出一座能噴發熔岩的活火山！我嘗試想像瑪麗-安托奈特那個既迷你又封閉的天地，但這任務著實困難，因為自從童年，我就認定世界是一個任你以多麼驚人的速度去跑也跑不完的空間。於是，我想起美國作家約瑟夫‧康乃爾（Josephe Cornell, 1929-1972年）的作品。他藏有幾個被他當成寶貝的盒子，裡面裝了幾支羽毛、幾個五角星形飾品、幾張剪報、幾粒珍珠以及幾抹顏彩，但便足以代表無限多趟的旅行和發現：熱帶地區產的鸚鵡、巴黎歌劇院的一場演出、義大利旅館的迷人風情、吹拂在希臘諸島的暖風……瑪麗-安托奈特、約瑟夫‧康乃爾：前者在那特里亞農宮裡便可看盡一切，一如後者只在自己細緻但脆弱的收藏品中置入一切，但是他其實一輩子沒離開過自己那間位於紐約長島的小房子。

瑪麗-安托奈特不需要從外在世界汲取什麼知識。潑糞刊物裡的措辭儘管激烈且又怒氣沖沖，她還是沒辦法理解，當然也就不受傷害。像《責王后書》（*Semonces à la reine*）或是其他公開責難根本無法干擾她的心緒。就算偶爾接受建議，來源只有兩處：她的母親與聽她告解的神父。瑪麗-安托奈特才不相信輿論。在她眼裡，群眾不應該有意見。他們

充其量只配在世界的戲台上跑跑龍套罷了，一旦不需要他們了，他們就該立刻退下。凡爾賽宮裡的那四千名僕役（薪水有時也會拖欠他們）對瑪麗-安托奈特而言彷彿隱形人似的。一七八九年時，他們搖身一變，成為了無時無刻不在的密探，甚至在王室成員被移往巴黎之前，形同代表一整群敵意深濃的人民，像把鉗子狠狠箝住路易十六及其家眾。王后應該覺得他們好像是從虛無之中冒出頭的大軍。錯愕突然取代輕蔑。

多年以來，人民不斷沈緬於對王后的幻想裡，然而瑪麗-安托奈特卻對他們完全沒有概念。不過，她的冷淡至少擔保她不至於使壞。她的態度正符合尼采筆下貴族的典型形象：「那種鄙視別人時的感覺，那種自覺眼睛長在頭頂上的感覺，那種自覺高人一等時的感覺，如果上述感覺會扭曲其所鄙視的對象，那麼這種扭曲遠遠不及被壓抑的仇恨以及無力的人民藉以攻擊敵對階級的那種扭曲。當然，人民只能攻擊敵對階級它的芻像而已 ⁸。」

法國大革命使得原本只能發洩在芻像上的恨意變成有實際行動的恨意。這種突如其來的革新真令瑪麗-安托奈特倉皇失措。在她看來，人民不過就是當年她初次造訪巴黎時一路響徹雲霄、教人聽了陶陶然的有聲背景罷了。當飽含敬愛的歡呼已然沈寂（一七八九年六月，她出席三級會議時，迎接她的唯有一片靜默）或者轉為粗口辱罵（一七八九年十月，

她從凡爾賽宮遷往巴黎，夾道皆是這種噪音），瑪麗－安托奈特依然沒能思索這些現象背後所隱含的意義。她陷入恐慌的狀態。群眾原先僅僅是遙遠的一個整體，通常可憐兮兮，值得人家賞點惻隱之情，是該演好只有善意、沒有嘴巴的小角色，如今竟然變成這副德性。怎麼可能呢？這些人民目露凶光、高聲叫罵，將王后的馬車團團包圍。他們具有非我族類的聲音、面容和軀幹，都是窮苦階級出身，因為饑餓導致膚色暗沈。根據麗茲洛特說法，早在一七〇〇年左右，他們已經公然在街上襲擊富裕人家的豪華馬車……面對這一群挨餓的民眾，因為絕望而豁出去、隨時準備白刀子進紅刀子出的人，瑪麗－安托奈特幾乎撐不住了。女人辱罵她是婊子，男人發誓送她歸陰。他們阻攔王后，不肯將她放行。強烈憎恨必找罪大惡極的人來充箭靶。

因此，她在潑糞刊物的二元邏輯裡找到了自己的定位。她的人格品性引發人民的恐懼與憎惡，現在，她要以自己的恐懼與憎惡來贖罪。瑪麗－安托奈特與她的子民以相互驚嚇的關係結合在一塊，因那份對於畸怪現象的專注而縛綁在一起，直到這種專注被放大到極荒謬的規模。她和人民在那由頑念以及強迫症共同形成的陰影下送做一堆。在那種情結裡，雙方皆將對方幻想成伺機而動的凶手。潑糞刊物的讀者看到王后被刻劃成的嗜血模樣都會不寒而慄。而王后也覺得自己遭人窺探監視，幻想每一扇門的後面都躲著刺客。到了

夜裡，她在杜樂利宮裡那灰撲撲又空蕩蕩的廳室之間來回遊走，心中的怨恨與驚恐與日俱增，無論如何驅趕不走。她一再傾吐自己的怒意，例如一七九一年十月三十一日她寫信給費爾森訴苦：「完全不必指望國民議會，裡面盡是一堆惡棍、瘋子外加蠢貨 ix。」她一直做報仇的白日夢：「要是將來哪天再讓本宮佔了上風，就會證明給這群下賤胚子看，本宮哪裡是他們可以任意愚弄的 x！」

為了逃離漫漫長夜的折磨，為了擺脫也不教人放心到哪裡去的白晝，她甚至希望自己真的被囚禁起來。她向康彭大人抒發情緒之際提到，自己寧可被關進海邊的高塔。果真如此，那番景緻該和凡爾賽的運河多麼不同！

潑糞刊物匿名作者們的聲音對瑪麗 - 安托奈特從不發生作用。唯一能夠向她透露世界正在天翻地覆而且局勢瞬息萬變的人就是米哈伯（Mirabeau）32 了。塞林納（Céline）解釋道：「米哈伯的呼聲響徹雲霄，以致凡爾賽為之驚懼 xi」。正是他促使凡爾賽宮覺醒的，但接著又令它陷入恐慌：所有名媛貴婦都變裝成侍女，倉皇出逃，並命令侍女穿上她們脫下的華麗禮服；侯爵以及伯爵則打扮成馬夫模樣，或是從放置假

---

32. 1749～1791年，法國革命家、作家、政治記者兼外交官，共濟會會員。他是法國大革命時期著名的政治家和演說家。在法國大革命初期統治國家的國民議會中，他是溫和派人士中最重要的一個人物，主張建立君主立憲制。

面舞會道具的房間裡取出舊衣服，比方掃煙囪的薩伏伊工人或《污穢男爵》[33] 等的行頭，這種裝束以前曾風行過一季。若說米哈伯的聲音能教凡爾賽宮鏡廊裡的玻璃為之震動，又令在其中思量的幢幢人影落荒而逃，那不僅僅因為他的籲求無比深刻，同時也因為這聲音雖然發自叛徒，但是並非來自外部，沒有教人聽了耳朵不舒服的庶眾口音。從米哈伯嘴裡出來的可是貴族的談吐。他是一位盱衡現勢的務實派（不過他自己卻反對這種評語），但絕對不屬於那個未分化的、沒門檻的庶民社會。

　　米哈伯具備背信棄義的天賦以及一股壓不住的違抗衝動，因此也就和對峙的兩邊都很熟稔。他尤其明瞭法國人已分裂到什麼嚴重程度，只差尚未組織正式政黨而已。此外，他只對於分裂爭執興味盎然，說到政黨精神，那就另當別論。拜他那偽善的性格所賜，米哈伯這位雄辯家要找到適切的言詞來對王室震聾發聵絕對不是難事。一面滔滔不絕抒發己見之際，米哈伯這位放蕩公子也被王后的美貌吸引住了。而後者卻相反，始終懷著幾分懼怕和嫌惡看待他。也許她曾讀過（但沒看完！）米哈伯輕佻放肆的文字。

　　若說王后不相信這一種危險人物，那該是因為她不具備面對危險的實際經驗。真要說有，也只是賭博下注的時候。

---

33. *Le Baron de la Crasse*，1667 年出版，由波瓦松（Raymond Poisson）和基內（Gabriel Quinet）合寫的單幕喜劇。

就算輸了，她也知道，再多的債務也不教她的國王丈夫皺點眉頭，只要提高王后花費的預算額度便可以解決。她實在不必擔心會重蹈賈柯摩・卡薩諾瓦（Giacomo Casanova）[34] 筆下那個賭徒的覆轍（其實卡薩諾瓦說的可能就是自己）：徹夜豪賭之後，賭徒失去一切，他在黎明時分離去，身著絲質的長筒襪以及繡花背心。他將自己那位身懷六甲的年輕妻子託付給卡薩諾瓦，並且告訴對方他為自己所起的新名字，以便繼續進行冒險生涯。他走上通往東方的道路……而瑪麗-安托奈特度過手氣極壞的一夜之後，卻是可以呼呼大睡，不必過於操心……

此外，單憑才智學養，他便可以使自己在瑪麗-安托奈特的眼中變成危險的人物。她因本身不具相同優勢，所以在對方那種公然炫耀的、活力充沛的、饒富修養的智識中只嗅到威脅。一想到日後要和這類人士打交道，她便陷入沮喪，變得畏縮膽怯。別人曾經要安排她和伏爾泰晤面，她雖不反對，卻滿懷焦慮，不知道該向他說些什麼。她欣賞的機智只是社交性的、快速的、流動的，能令時間加速飛逝，又能教

---

34. 1725～1798 年，極富傳奇色彩的義大利冒險家與作家，公認是酷好女色的風流才子，亦是十八世紀享譽歐洲的大情聖。他生於義大利的威尼斯，卒於波希米亞的達克斯。關於卡薩諾瓦，許多人都會將其與莫里哀的戲劇《唐璜》（Don Juan）相提並論，因為他們同樣在一生中擁有不計其數的伴侶。然而唐璜只是一個傳說，而卡薩諾瓦則確有其人。與唐璜更加不同的是，卡薩諾瓦深愛他所有的女人，並與她們長期保持友好的關係。風流韻事也只不過是卡薩諾瓦豐富多彩人生中的幾段插曲。

人發噱，亦即說話只求達到跳舞或是溜冰那種令人陶陶然的效果。戴葉杭（Talleyrand）夫人（根據她兒子的見證）就嫻熟這種結合才華橫溢以及光彩轉瞬即逝此兩項特質的談話技巧，並且存心避開機智俏皮的話，因為那樣會令行雲流水般的節奏中斷。「機智俏皮的話盡量別用，她說起話只為讓人舒坦，前言不搭後語，說過的就算了 [xii]。」

朗巴勒夫人的口才也許不吸引人，但是她反其道而行，將「前言不搭後語，說過就算」的技巧發揮到極致。說到心不在焉，無人能出其右。「她從來沒有自己的見解，但在交談的過程中，她總喜歡套用在場被公認為最具才智的那個人的話，這正是她個人最獨特的說話方式。每當眾人進行嚴肅的議論時，她絕對是不吭一聲，並裝出心不在焉的神情，接著似乎突然回過神來，把人家的話一字不漏地套用過來，彷彿那是她自己的意見。要是有誰向她表示，她的話剛才已經有人說過了，那麼她就會裝出大吃一驚的樣子，並且斷言自己絕對沒有聽到 [xiii]。」

瑪麗 - 安托奈特很喜歡和朗巴勒公爵夫人或是玻里涅亞克夫人來往，因為她們兩位並非才智出眾的人。這種相處既溫馨又教人開心，可以避免尖銳的思辯或是抽象的推理，躲開那淒涼寂寥的時刻。和米哈伯相處，她就渾身的不自在，因為對方的言談會將她從侷限的宮廷閒聊模式之中硬扯出去。大革命那活力充沛的雄辯以及粗暴的質問，對於在耶穌

會修辭傳統之中養成的人而言，實在是前所未聞的事，而且依他們看，從定義上而言，威權的地位必是無聲的。國王的威權應和上帝的威權相同，他們現身時的壯盛排場就已表露無遺……就算米哈伯竭力克制自己言語中太明顯的魯莽放肆，那一些在凡爾賽宮從未聽聞過的字眼、節奏以及聲調還是排山倒海似地壓迫過來。這種言語在王宮裡就算以前偶爾聽過，也只是戲台上特獲恩准才能說的。瑪麗 - 泰瑞莎十年前在寫給女兒的一封信裡就已明言：「未來並不樂觀……」米哈伯的言語好像和女皇的預言遙相呼應，就憑這點，這位將大革命現勢帶進凡爾賽宮的人更教王后不敢恭維。

在法國大革命期間所有的政治家當中，米哈伯是唯一得以善終的人。他死於一七九一年四月二日，那時正是大革命最紛擾的節骨眼。他生前與一切事件都保持相當的距離，關心策略如何運作，熱情遠遠高於關心結局。他的死訊才一公佈出來，坊間立刻謠言四起，指控瑪麗 - 安托奈特下藥將他毒死：「我將揭露一切……數以千計被她寵幸過的男人都被她親手害死了……我還要說，儘管她對軍服素感嫌惡，但仍臉不紅心不跳，賜予拉法葉（Lafayette）將軍[35]諸多恩惠啊……

---

35. 1757～1834 年，法國將軍、政治家，同時參與過美國革命與法國革命，被譽為「兩個世界的英雄」。他一生致力於各國的自由與民族奮鬥事業，晚年還成為1830 年法國七月革命的要角，親手把大革命的三色旗披在新國王路易腓力身上。

我敢保證，造成米哈伯死亡的毒藥是王后在宮中親手蒸餾出的。她那些陰毒的含沙射影已經足夠影響國王天生純良然而失之柔懦的心……我還要說……法蘭西人民過去、現在和未來所承受的災難在在都是她搞的鬼 xiv。」

潑糞刊物的使命乃置人於死

　　米哈伯擅長玩弄拐彎抹角的伎倆，目的在於撈取金錢。王室成員和他對談，除了能夠拓展世界視野、增加新事物的語彙，也許還可以讓他們毫髮無傷、安然度過革命階段，甚至依然握有政權。但是怕就怕在他引起反效果，何況他那雷霆萬鈞般的嗓音只會激化宮中人的恐慌而已。如果是後面這情形，那麼他這嗓音徒令朝廷更加接近那瀰漫在潑糞小冊中的威脅而已。這類小冊中的威脅可比死亡之箭，多少都以刻薄的散文或是惡毒的詩行包藏起來。其作者的目的在於將書中的人物往死裡打。那些徹底負面的主人翁似乎天性邪惡，並且專心使壞，一輩子馬不停蹄地逞凶。由於死心塌地作惡，這些奸人已經完全喪失對罪行輕重的感覺。路薏絲・侯貝（Louise Robert）在她那本篇幅較長的潑糞文宣《法蘭西王朝自開朝以來至瑪麗 - 安托奈特為止歷代王后所犯之罪行》（*Les Crimes des reines de France depuis le commencement de la monarchie jusqu'à Marie-Antoinette*）（一七九一年）中（其實這本作品蠢話連篇，而且仇視女性的立場亦至為明顯），舉

出芙雷黛貢德（Frédégonde）[36] 這位因殘暴而遺臭萬年的王后為例，譴責她謀殺了親夫，是「全人類的劊子手」，且其犯罪動機乃是基於天生需求。此外，有一天她提議饋贈女兒黎貢德（Rigonte）[37] 一些布料和珠寶，等到後者彎腰探入裝著禮物的大木箱，路薏絲・侯貝寫道：「這凶殘的親生母親竟將箱蓋重重扣在她的頭上！」

另外一本名為《玻里涅亞克夫人和拉・莫特夫人在聖 - 詹姆斯公園中的晤談》（*Conférence entre Madame de Polignac et Madame de La Motte au parc Saint-James*）的小冊子提到：玻里涅亞克「這母變色龍」以失恃寵兒的身分出場，決心背棄昔日的女主人瑪麗 - 安托奈特，並且嘗試爭取拉・莫特夫人的友誼。後者立場堅定，只端出十足不屑的態度拒斥這位昔日「凡爾賽宮的大紅人」。在回絕對方的隆情盛意之後，她以唸悲劇台詞的口吻說道：「再見，夫人，要是您還願意苟活下去，那就隱名埋姓過日子吧。」這個祝願顯示拉・莫特（de la Motte）夫人 [38] 的心思多麼狠毒，因為不論誰都知道，玻里

---

36. ？～ 597 年，法蘭克墨洛文加王朝國王奇爾培里克一世（Chilperic I）的王后，據稱是變態的謀殺狂。

37. 約 569 ～ 589 年以後，法蘭克墨洛文加王朝國王奇爾培里克一世和王后芙雷黛貢德的女兒。583 年左右，她被許配給西哥德國王雷歐維基爾德（Léovigild）的長子雷卡黑德（Recarède），但 584 年在赴西班牙成親的路上傳來父王被暗殺的消息，加上陪嫁財寶又被洗劫一空，只好返回墨洛文加王朝，過起荒淫的生活，並且和母后芙雷黛貢德的關係極為不睦。

38. 參見本書第 171 頁。

涅亞克哪件罪行沒插過手呢，更何況她手邊沒男人可用時，雄獸就遭殃了。「最後，她笑著高喊道：『親愛的讀者啊，請以刺耳的聲音為我們唱出最淫邪的女高音吧，謳歌我們那永不消失的作惡天賦。既然無法危害男人，沿途我們將要累死多少公馬 ^{xv}。』」

　　若說玻里涅亞克的淫婦形象可以幹出這許多駭人聽聞的事，那麼那年代的讀者應該不難想像，淫婦安托奈特在逞惡上應不至於讓昔日的心腹專美於前。因此，這位活著只為幹出凶殺以及種種誇張醜行的人，並且可能將殘酷的魔爪伸向人民的人（好比聖 - 豐〔Saint-Fond〕建議茱麗葉特〔Juliette〕在泉水中下毒害死所有法國人那樣子）[39]，才不至於就此不屑做些小惡小壞的事。潑糞刊物《江山易改本性難移》（Tel gens tel encens）又在這個淫邪女人的罪名清單上增添一筆前所未聞的帳──「王后吐痰」（crachat royal）：「公民殷勤賣力為她搬運大批奢侈物品，都是她希望用來佈置王夫新宮的物品……這個狠女人竟公然侮辱我們，她目中無人的態度導致群眾義憤難平……當時，王后瞥見一位法國公民，嫌惡之情突然爆發出來，最後竟朝那位公民吐了口痰。無庸置疑，這項證據說明了她決心要把我們恨進骨裡。最近在那杜樂利

---

39. 薩德筆下的小說人物。聖 - 豐為一名大權在握的部長，但是私下殘暴荒淫至極，嗜食年輕處女。他控制少女茱麗葉特，並驅使她幹出各種壞事，不但囚禁數以千計無辜的人，而且不斷盜用公款。他從根本藐視人類，曾暗中計畫要餓死法國三分之二的人口。

宮的花園裡，她又故態復萌 ⁱ。」

　　潑糞刊物揭露所謂可恥的事，被推到檯面上的人據稱都
具恐怖特質。這類作品不管拿來閱讀或是朗誦，均可激得你
興起造反的衝動：長久以來，我們縱容人家任意將痰吐在我
們身上！作者巴不得書中那象徵性的暴力得以付諸實行。這
種文宣傾向和它鎖定的讀者群一鼻孔子出氣，和他們一起在
毀滅性的盛怒之中張牙舞爪。文本中的人物以及真實世界中
的人物多少直接且具體地對接起來。常見的手法有：

　　利用芻像洩憤：在一七八七年九月二十一日議會暴動
之際，有人散發以詆譭保王黨的潑糞刊物，並且點起篝火，然
後再將玻里涅亞克公爵夫人的芻像丟進火裡焚燒……

　　- 找替死鬼：根據當時某報報導，拉法葉將軍手下的一
名侍衛遭人暗殺致死；凶器匕首的柄包覆一張沾滿血的潑糞
文宣，上面寫道：「去吧，去為你主子預作準備，他就快來
找你」；

　　- 刑場就地宣傳：死刑犯被押赴斷頭台的路上目睹人
家分送介紹他「生平劣蹟」或傳記式的潑糞文宣，目的在解
釋他為何落到這種下場。有些軼聞已變成大家齊聲高唱的副
歌。有時，罪犯滿懷凄楚聽見自己說過的話被人編成歌詞，
例如《把襯衫還給果爾薩》（*Rendez les chemises à Gorsas*）即為

一例。這首歌就在記者果爾薩[40]走向刑場途中被人唱響。這首歌曲荒謬可笑，歌詞取自果爾薩的作品，那是當初他評論國王的姑母出逃至國外的文字。

　　羅蘭夫人被監禁在聖 - 佩拉吉（Sainte-Pélagie）[41]之際，聽見囚房窗外有人叫囂著辱罵她，罵詞正是取自艾貝賀（Hébert）撻伐她的作品《杜玄納老頭》（*Père Duchesne*）。她埋怨自己所受的虐待比起她討厭的王后更加悲慘。若她地下有知，聽說自己被處決後，收錄於《博學名師》（*Moniteur universel*）中的一篇文章竟然將她和瑪麗 - 安托奈特以及歐琳普・得・古治（Olympe de Gouges）[42]打成一丘之貉，硬指她們該因同一原因受譴責，那麼她該多麼憤慨。因為根據那篇文章，儘管個性差異、政治立場不同，羅蘭夫人以及上述另外兩個女人都被認定耽溺獸姦，嗜好同性戀和亂倫等的倒錯行為：「法庭方才很明快地給予天下女人一個鑒戒，而且

---

40. Antoine-Joseph Gorsas, 1752 ～ 1793 年，生於巴黎的法國記者與政治人物，以言論猛烈激進著稱，曾公開批判山嶽黨以及丹敦、羅伯斯比等人，後被送上斷頭台處死。
41. 巴黎舊時監獄，位於塞納河南岸，今日的第五區。
42. 1748 ～ 1793 年，原名瑪麗・古治（Marie Gouze），法國女權主義者、劇作家、政治活動家，其有關女權主義和廢奴主義的作品擁有大量讀者。得・古治十分擁護民主，一直尋求法國女性與男性的權利平等。在其作品《女性與女性公民權宣言》中，得・古治向男女不平等的觀念發出挑戰。她是法國大革命期間少數為婦女爭取權利的人士，同時也出版了許多社會問題論述以及若干劇本。在法國大革命恐怖統治中，得・古治因攻擊羅伯斯比的政權且與吉倫特派關係密切而被送上斷頭台。

毫無疑問將使她們大大受益，因為司法素來講求公正，總是希望判例嚴峻方可引人向善。瑪麗－安托奈特……生前既非良母又兼淫妻，後來背負一身罵名被斬，而罵她的都是昔日差點被她逼上絕路的人……歐琳普・得・古治天生愛做狂熱的白日夢，嘴裡胡言亂語卻自詡為天賜靈感……至於那個姓羅蘭的女人，侈談偉大計畫卻又情書連篇……從各方面來看，都是一隻妖怪……」（一七九三年十一月十九日）

罰的層次

羅蘭夫人聽見鐵窗外面民眾對她唱起的潑糞歌，她明白其中的「教訓」是近在咫尺的，是切身的。可是，瑪麗－安托奈特在凡爾賽宮裡聽見別人談起攻訐她的潑糞刊物，她卻認為可以輕加忽略，對其內容充耳不聞。圍在她身旁的密友只圖從她那裡撈取好處，而她只想辦法守住那片舒適小巧且對外封閉的天堂，那個圍著彩繪玫瑰屏風、觸目盡是上等細白麻布以及各種粉灰色調的安樂窩。王后親自作詞並且吟唱：

啊！要是在你的村落裡，

有個教人一見鍾情、

再見無法自拔、

既感性又迷人的牧羊男，

那個必是我的情人，請還給我，

我享有他的愛，他也珍藏我的諾言，

我享有他的愛，他也珍藏我的諾言。

如果他吹雙簧管的樂聲

直教那牧羊女凝思起來，

如果他的歌喉溫柔哀淒，

足令森林裡的回聲女神為之迷醉，

那個必是我的情人，請還給我，

我享有他的愛，他也珍藏我的諾言，

我享有他的愛，他也珍藏我的諾言。

今天我們可以聽到由歌手伊馮娜‧普罕蕩（Yvonne Printemps）演唱詮釋的版本。

　　瑪麗-安托奈特對於宮廷內以及民間的敵意視而不見，此舉令她原本孤立的處境更雪上加霜，並且使她陷入異邦人反正就格格難入法國社會的刻板印象中。從她來到法國之後，情況始終未獲改善。

　　最早的那一批潑糞刊物出自朝臣之手，目的在讓路易十六休掉這個妻子。如果她被趕走，會有不少黨派額手稱慶。最開心的應是路易十六的大弟普羅旺斯侯爵 43 了，因為王后

---

43. 亦即日後的路易十八（1755～1824年），是被送上斷頭台的法國國王路易十六

嫁入宮後便削弱了他的優勢地位。他向蒙巴黑（Montbarey）公爵傾吐的話顯示出他的惱怒：「如今我註定一輩子沒辦法自主行事了；將來只能踩著我哥哥的腳印前進。」也許為了緩和他這弟弟向來對於他的嫌惡（普羅旺斯侯爵一方面蓄積陰險的恨意，一方面卻又很重視形式儀節，不像幼弟阿爾托瓦侯爵[44]，是個目中無人的魯莽貨），路易十六下令簡化朝廷禮儀，免除弟弟和弟媳同他說話時須口稱「陛下」的舊慣。這種變革非同小可，畢竟談到了舊社會，整套倫理制度都建立在天生位階之上，且須一絲不苟遵守。除非服從儀節要求，否則個人無從立足[xvii]。在路易十四政權的最後幾年，麗茲洛特曾驚呼道：「已經沒有人搞得清自己究竟哪根蔥了」，因為在一個有公主在場的廳間裡，她目睹年輕人竟懶洋洋癱在長沙發椅的粗鄙相，這教她訝異得不知所措。

　　路易十六雖然對家人放寬宮廷儀禮的束縛，然而此舉絲毫未曾減低普羅旺斯侯爵的不悅和野心（話說回來，「免呼陛下」不也是在發號施令！）。一七七三年，亦即瑪麗 - 安托奈

的大弟，封普羅旺斯侯爵。其姪路易十七在監獄中被保王黨奉為國王。1795 年，路易十七死於獄中，路易十八被奉為繼承人。但由 1795 年至 1824 年在位期間，他有一大段時間並未居住在法國國內。拿破崙一世垮台後，路易十八實際掌權大約十年（1814～1824 年）。

44. 亦即日後的查理十世（1757～1836 年），是法國波旁王朝復辟後的第二個國王（1824～1830 年），也是路易十五的孫子，路易十六與路易十八的弟弟。他登上王位前的封號為阿爾托瓦侯爵。阿爾托瓦侯爵是法國大革命時期流亡貴族的領袖之一。他在 1795 至 1814 年間住在英國。路易十八復辟之後，查理成為其主要顧問和謀策者，在他周圍集中了一批最保守的舊貴族。

特嫁來凡爾賽後的第三年，瑪麗 - 泰瑞莎女皇寫道：「那位親王在我看來虛假得很，說不定還是哪個強勢派的密探呢 xviii。」一七七八年路易十六的長女出生，他的「虛假」再也隱藏不住。從此之後，潑糞刊物裡的遣詞用語也大大提昇了攻擊力道。一七八一年，王后生下長男，那股力道更是變本加厲，於是有人懷疑，普羅旺斯（Provence）公爵加入了詆毀的行動，說不定更是幕後的主謀。無論如何，可以確定的是：公爵曾寫過諷刺路易十六夫婦的文章。根據同時代作家梅爾西耶（Louis-Sébastien Mercier）的見證：「這位一人之下、萬人之上的親王寫過反對他兄長的聖誕節民歌（Noëls）以及其他類的歌謠。反正，現今宮廷裡就時興嘲弄路易十六 xix。」好不容易等了八年，瑪麗 - 安托奈特終於受孕分娩。就在這時，潑糞文宣重彈起王后紅杏出牆的舊調，例如在上述那一本既流傳於宮廷又馳名於國外的小冊（《西班牙旁支對後嗣乏人之法蘭西王位繼承權的重要聲明，這對整個波旁家族均有益處，對於路易十六國王尤其如此》）裡，王后據說不貞的事就被狠狠批判一頓。

王后所生的子女通常被說成是她和阿爾托瓦的結晶。在某本潑糞刊物裡，王后以慣常輕佻的語氣向阿爾托瓦宣稱道：「要不是你那麼輕率冒失，我也不必辛苦撐這九個月啊！」另外一些小冊則描寫了據傳是阿爾托瓦的反應，因為公爵重視肉慾享樂，對於傳宗接代就沒那麼起勁，王后怨道：「本

宮對親王這冤家說了：『哎！阿爾托瓦我的心肝，你的小王子在我肚裡踢個不停哪。』他竟回答：『寶貝，他踢你的肚子，我來撞你的屄。』本宮終於看清楚他那不知體貼的死相。真他媽的！就打發他去找其他女人算了 ˣˣ。」

　　潑糞刊物的筆鋒善逞諷刺挖苦之能事，凡爾賽宮裡的日常生活以及國王家庭成員彼此間的關係經它一抹，不禁教人想起艾利克 · 馮 · 斯春罕姆（Eric von Stroheim）所拍攝的縱慾場景。這個奧地利人不但自大又愛捏造事實，專在好萊塢影城湛藍的天空下發揮胡思亂想的本領，據稱如實刻畫王室搖搖欲墜時的敗德行徑。他的導演手法在於極力突顯舊社會和舊政權的腐化墮落。戴著金邊單眼眼鏡，躲在攝影機的鏡頭後面，他的雙眼令一幕幕淫亂場景定格下來，而背景不外乎深紅色的厚重帷幕，或是風光明媚、極迷人的園林，又有花瓣如雨紛落。國王以及王后四腳著地，吃力爬向那飾有幃蓋的大床，然後有如酩酊致死，頹然癱傾在緞面枕頭上。他們虛弱困乏，甚至無力扶正自己醺醉腦袋上的歪斜王冠。剩下的那一點氣力，只夠用來喝下最後一瓶香檳，同時彼此胡亂搋上幾拳。國王睡得鼾聲大作，好像一頭畜牲。王后粗鄙下流，而且色慾薰心，手裡揚起鞭子，驅趕純潔的少女們。衛士目光冷漠在旁注視，她們赤裸身軀，從宏偉的階梯快步奔下。就是這樣，大人物只要心血來潮便投其所好。一般認為，有權有勢的人就有這種特權。這部電影竟令美國輿論譁

然。大眾忍無可忍，要求不要再拍這種電影，並以所謂「移風易俗派」（l'École des mœurs）的戲劇加以取代，就像法國大革命時尼斯城的那番氣象。輿論向來以道德為基底，對這件事，其聲音是很一致的：「王后如果輕佻淫亂，必會作惡多端。」或是「哎唷！她們只會幹這種事，年復一年，手段越發純熟。」

朝廷以及國王近親對王后的譴責正好可為普羅旺斯侯爵撐腰，讓他找到充分的藉口來鬥爭他的兄長。如此一來，不僅貴族之間無法同心（貴族做為政治階級，在路易十四時就被消滅乾淨），連王室成員間的團結都不可能了。從普羅旺斯侯爵的角度來看，大革命處死了路易十六，隨之又是拿破崙長期專政的災難，都是自己坐上國王寶座需要走的迂迴道路，必以鍥而不捨之態度實踐其過程。

路易・馬西雍以其慣常簡練的文體寫道：「普羅旺斯：決心不計代價統治天下；天生具有該隱（Caïn）情結[45]，出於

---

45. 該隱情結：該隱與亞伯（Cain et Abel），根據〈創世紀〉說法，是亞當和夏娃所生下的兩個兒子。該隱是農民，他的弟弟亞伯為牧羊人。該隱是歷史上第一個人類，亞伯是第一個死去的人類。以下是聖經原文：「1. 有一日，那人和他妻子夏娃同房，夏娃就懷孕，生了該隱，便說：耶和華使我得了一個男子。2. 又生了該隱的兄弟亞伯。亞伯是牧羊的；該隱是種地的。3. 有一日，該隱拿地裡的出產為供物獻給耶和華；4. 亞伯也將他羊群中頭生的和羊的脂油獻上。耶和華看中了亞伯和他的供物，5. 只是看不中該隱和他的供物。該隱就大大的發怒，變了臉色。6. 耶和華對該隱說：你為什麼發怒呢？你為什麼變了臉色呢？7. 你若行得好，豈不蒙悅納？你若行得不好，罪就伏在門前。他必戀慕你，你卻要制伏他。8. 該隱與他兄弟亞伯說話；二人正在田間。該隱起來打他兄弟亞伯，把他殺了。」（〈創世紀〉第四章）該隱犯下歷史上第一次殺人事件，他殺害

嫉妒，他成為最不自覺的但也是最成功的弒君者 ˣˣⁱ。」

　　經過長年流亡生活中的企盼，普羅旺斯侯爵變成路易十八：他終於可用「無人之下，萬人之上」的身分再度踏上法國土地。然而那時，他已罹患水腫而且過度肥胖，是個舉步維艱的老人家。慾望尚未實現之時，激憤心情並不見得等同無法平復的失落感以及痛苦折磨，因為那種心情可以令人興奮狂熱。上述的失落感以及痛苦折磨有時反而等到慾望滿足後才出現，因為如今要面對的唯有現實。

　　要是國王休掉妻子，身為國王御弟的親王應該很高興，高興的不止他，應該還有習稱的「諸公主」（Mesdames）。她們是路易十五的掌上明珠，也就是路易十六的姑母。她們慢工出細活地，長年執行「主打諷刺挖苦的陰謀戰，與那親王可謂同仇敵愾 ˣˣⁱⁱ」。「諸公主」有三位：阿德萊德（Adélaïde）、維克托瓦（Victoire）以及蘇菲（Sophie）。她們還有個姊妹路薏絲公主（Madame Louise），不過已經遁入空門，在巴黎北郊聖丹尼（Saint Denis）的加爾默羅會修道院裡當修女了。（依其遺言判斷，路薏絲應該早已和現實世界中的權術陰謀斷絕牽連。根據康彭夫人評論路易十六言行

自己的弟弟亞伯。古代和現代的評論家通常假設該隱殺人動機是嫉妒和憤怒 。該隱和亞伯的故事亦在《可蘭經》中出現，不過《可蘭經》僅指出他們是亞當的兒子，沒有提到名字。

時的說法，路薏絲公主應該是國王下了這道命令才嚥氣的：
「上天堂去，快去，快去，飛快地去。」）路易十六非常珍
愛三位姑母公主，所表現的敬意高於路易十五對這些女兒的
尊重。瑪麗‑安托奈特青春年少嫁入法國宮廷為妃，那時阿
德萊德、維克托瓦以及蘇菲皆已芳華不再。王妃玩心頗重而
且笑口常開，樂意和人交談而且喜歡兒童陪在身邊。她試過
爭取姑媽的好感，然而成效不彰。阿德萊德、維克托瓦以及
蘇菲終身未嫁。她們住在宮廷，平時特別在意別人是否尊重
其榮銜與地位排序，唯一可期待的關懷便是父愛，來自準時
到訪、但卻匆匆告別、外號「親愛王」（bien-aimé）的路易
十五。因為他在不同時期總受不同寵妃操控，難免身不由己。
既然父親生性放蕩，冷落她們，這三位公主便轉向聽告解的
神父尋求慰藉，向他們輕聲吐露自己就算有、也極少犯的罪
過。根據龔古爾兄弟的說法，「這一大群修道院長以及宮廷
御用神父」對於諸公主確實發揮很大的影響。因為這層背景，
諸公主於是和善不起來，於是造就愛好挑剔又極難相處的個
性。王妃犯的法文錯誤她們可不願意睜一隻眼閉一隻眼、輕
鬆看待就好（至少在這點上，諸公主的優勢無可爭議）。康
彭夫人出任瑪麗‑安托奈特的首席貼身女官前，一度是諸公
主的朗讀官，因此她的說詞應屬可信：「諸公主要不是日常
生活排滿大小事務，其實還滿無聊可憐 xxiii。」令諸公主免於
淪為無聊可憐人的大小事務之中便有搬弄是非這項。她們彷

佛希臘神話中的三位復仇女神（Parques），專門製造紛擾而且對於朝廷吹毛求疵，年輕王妃才一轉身，她們嘴裡吐出來的絕對沒一句寬容的好話。她們竭盡所能，將宮廷上下串連成與瑪麗 - 安托奈特做對的集團，但有時候也造成自己不睦的衝突。毫無疑問，法國宮廷大小事情一概逃不過奧國大使梅爾西 - 阿爾強托那雙眼睛，因為他曾寫道：「本人知道，好長一段時間以來，阿德萊德公主和蘇菲公主都忙著在女大公（瑪麗 - 安托奈特在娘家的頭銜）面前進言，勸她疏遠維克托瓦公主，這位大家公認三姊妹當中最好而且最有骨氣的公主 xxiv。」

諸公主反對瑪麗 - 安托奈特的立場不僅牽涉私人恩怨，而且具有政治色彩，因為她們死心蹋地屬於「法蘭西派」。在宮廷裡，這圈子和索瓦熱勒（Choiseul）公爵 46 所領導的黨派可以說是水火不容。公爵曾經主導法奧聯盟，並且賣力促成路易十六與瑪麗 - 安托奈特的婚事。其實，法奧兩國聯姻乃經過長年的磋商方才水到渠成，而且新郎一度敲定路易十五。此一謀略重點在使路易十五另娶一位哈布斯堡家族裡的公主，從政治角度看，和路易十六的婚姻如出一轍。瑪麗 - 安托奈特雖說嫁做王后，身分其實不過是宿敵奧地利送到法

---

46. 1719 ～ 1785 年，法國軍官、外交官和政治家，1758 ～ 1770 年間支配路易十五政府的法國外交大臣，左右法國的外交政策，且對奧地利親善。加入法軍後，為改變法國在七年戰爭之後的頹勢，他急切重整軍備，鼓吹戰爭，終於惹惱了得過且過的國王，並遭撤職。

蘭西的人質。她一出現，原本就愛結黨營私的凡爾賽宮廷便越發興奮了。既然被以敵人看待，她便得不到丈夫的支持，而且這丈夫還完全受他姑母諸公主的控制。王妃唯一的盟友以及支柱索瓦熱勒公爵早在一七七○年便失寵於路易十五，而且日後再也沒有重握權柄的機會了。主導法奧友好（瑪麗 - 安托奈特即為此一同盟關係的擔保品）之後，這位核心人物自此卻從法國的政治舞台消失，瑪麗 - 泰瑞莎女皇對此是很傷悲的。瑪麗 - 安托奈特很具體感受到，公爵失勢之後，她便毫無屏障，並且暴露在三種來源的恨意之中：普羅旺斯侯爵、諸公主以及所有懷抱反奧政策的貴族廷臣。只因她那身分所代表的意涵（王弟統治慾望的絆腳石，又是前部長索瓦熱勒外交陣線的明顯勝利），瑪麗 - 安托奈特便成為保王黨潑糞文宣的首選標的了。因此，她這敵人該受撻伐，此乃結構性的問題。

　　若從這個角度切入，日後反保王黨的潑糞刊物其實也具備了上述的精神。瑪麗 - 安托奈特始終都是罪行的女主腦：唯一不同的是，她威脅到的不再是王朝的榮耀而是整個國族的榮耀，甚至是整個國族的存續。反保王黨的人運用相同主題，同時將其渲染誇大。他們和保王黨一樣，利用潑糞文宣要求國王疏遠王后，甚至與她仳離。這類文宣以長篇而且凶狠的斥責為主，設法要將王后重新導回道德正軌。王后既是唯一該為法國各種苦難以及王室機器運轉失常負責的人，那

麼只要她一消失，法國人的福祉便可恢復。

　　起初，革命派的潑糞刊物僅僅呼籲疏遠王后並將她關入修道院而已。然而這種處罰未免不夠聳動，甚至有點像是好戲草草收場。這個演員如此扣人心弦且又不可取代，好比為了彌補她退場而造成缺憾，有些潑糞刊物於是加碼鼓吹，提議王后隱入幕後之前必先認錯：「本人哀求王夫以及國家赦免我犯下的一切罪行。關於部分罪行，本人業已公開懺悔並且公告周知，相關內容白紙黑字印好，亦於月初廣為散發 xxv。」（在潑糞刊物中，以第一人稱取代第三人稱的作法並未增添任何個人色彩，也未突顯任何深刻探究或是強調個性與身分的複雜面向。這種取代不在引導讀者產生憐憫之情。一般來講，自傳體文學以「我」的觀點寫作，目的無非想讓讀者與之認同，進而使之產生飄然之感，但是說到這類潑糞文宣，此種閱讀效果被排除了。在潑糞刊物中，每當瑪麗-安托奈特以第一人稱陳述時，她的話語等於只將外在制裁加以內化，而且她也僅是化身，外部將她刻劃成的那形象的化身。從她嘴裡說出來的，純粹就是人民之聲罷了。）

　　在如下這本攻訐嘉布里耶勒‧得‧玻里涅亞克夫人的小冊中，同樣可以觀察出來：群眾受到愚弄以及冒犯，夫人因此必須在其面前公開供人羞辱：「沒錯，夫人，你該贖罪，正因贖罪方式係由聽懺神父決定，下面便是我以祖國之名要求你配合的。先把頭髮剃光，穿上一件灰色粗布長袍，那是

唯一點綴你的飾品。接著，請以這身打扮出席三級會議的那莊嚴場合，並且當眾認罪，同時毫無條件放棄仍掌握在你手中的不義之財 xxvi。」賣淫女子犯罪但知悔改，交付社會制裁但獲寬恕，這種形象超出司法那生硬冷酷的苛求。大家幻想審判王后及其心腹女流，她們被定格在聖經瑪麗‧瑪德蓮那種淚流滿面、濃密長髮披散在裸胸上面的形象，而不是女政治犯的模樣。失去地位的王后須和得意洋洋的王后同樣招搖，被露骨展示在群眾面前。群眾希望看到王后失勢之時和那逍遙法外之時一樣，都以豪奢排場呈現她各該時期的特質（因此，等到王后真正接受公審並被判處死刑，難免要引發失落感）。中世紀傳統習於場面盛大的悔罪行為，在那其中，宗教裁判以及世俗裁判是密不可分的。這項傳統直到大革命時仍縈繞在正義人士的想像裡。民眾期待瑪麗 - 安托奈特被判刑後，在她悔罪的過程中，一舉一動依然流露出吉勒‧得‧黑（Gilles de Rais）[47]的那種壯闊氣勢：雙膝跪地，淚眼汪汪，哀求那震驚的民眾饒恕她的罪行。法官以及犯人藉著惻隱之情結合在一起了。於是，罪犯受死便染上獻祭犧牲的

---

47. 1404 ～ 1440 年，英法百年戰爭時期的法國元帥兼著名的巫師。百年戰爭期間，他是聖女貞德的戰友，曾被譽為民族英雄。貞德被俘以後，他退隱於今日布列塔尼一帶，並埋頭研究鍊金術，希望藉由鮮血發現點金術的秘密，他的府邸甚至比王宮更為豪華。他還崇拜撒旦，祈求魔鬼賜予學識、權勢和財富，曾把大約 300 名以上的兒童折磨致死。他於 1440 年 9 月被捕，並交付審訊。宗教法庭譴責他為異端，世俗法庭則判他謀殺罪，在南特被施以絞刑處死。

色彩。悔罪儀式唯有在宗教意義上情感互通的背景下（或者至少承認普世人性的前提下）方有可能產生。

然而，不論是唾棄她或是要她悔罪，隨著群眾對王后的憎恨加劇，一切和她可能有的紐帶關係逐漸被摒除掉。甚至因為對抗如此一個罪魁禍首，群眾間的同仇敵愾氣氛也變濃了，更滋生出一種新的博愛情懷。法官以及罪犯間的交融如今絕無可能。大家不再勸誡那個「糟蹋百合花（代表法國王室）的女人」招認罪行。沒有人要相信她的供詞。沒有人期待她能夠重返道德之途。一七八九年的《責王后書》（*Semonce à la reine*）說道：「傲慢的王后啊！好好利用你的悲慘命運，為你犯下的重罪懺悔吧！看看你那張臉，縱慾的皺紋已經取代標緻的線條……」

但是才過不久，語氣開始變強硬了。大家不再想像以細膩的處罰手段來對待悔罪的王后（例如讓她暫以待罪之身苟活下去，讓她在餘生中時時為自己往昔的罪過懺悔）。如今，在群眾的眼裡，王后變成了怙惡不悛的罪犯，而她那背信棄義的靈魂卻不難裝出誠心悔過的樣子，所以，她真是死有餘辜啊。在《瑪麗－安托奈特病入膏肓》（*La Grande maladie de Marie-Antoinette*）這本潑糞刊物中，王后呻吟：「我看到了那索命的刑具！……就在那裡等著我呀」。

斷頭台所施的刑罰乃是平等的死、機械制式的死，不會傳遞死後世界何種訊息。屍體身首異處不會帶有神秘光暈或

是詛咒。這種下場沒有臨終痛苦也無預兆，和巫婆、下毒女人或是女法師的死大異其趣，因為那三種女人在柴堆熊熊火舌的舔舐下全身痙攣扭曲，令旁觀者都入迷了。

瑪麗-安托奈特據稱是犯下陰毒罪行的恐怖人物，用斷頭台處死是不錯的方式。然而，是不是最好的呢？

從另外一個角度看，她的罪行既然已被定位在斷喪人性的層次，那麼斷頭台未免太便宜她了。有人認為，王后既然酷嗜那「下流的獸慾雜交」，那麼順理成章，她的下場必須也和畜牲一樣淒慘才好。若與斷頭台的精準明快相比，那麼打獵擒獲野獸時的處理方式施於淫慾之后應更理想，亦即將其開膛破肚，然後掏其心肝肚腸以饗獵犬：「不管從哪一方面看，你都是不折不扣的怪物。只要一看到你，任誰都要渾身打起哆嗦，不由自主想起荒淫的耶洗別（Jézabel）[48]……沒有耶胡（Jéhu）[49]可以獻祭給你，我們極端瞧不起你……倒有狗群可以飽餐你的賤軀……牠們正等著你[xxvii]。」

法國大革命時山嶽黨（montagnards）[50]的成員勒吉

---

48. 天主教譯為依則貝耳，是《舊約聖經》·〈列王紀上〉和〈列王紀下〉記載的一個負面人物，是以色列王國王亞哈（Ahab）的王后，個性冷酷。她自稱是先知，有計畫的運用權勢使全以色列離棄上帝。
49. ？～前 815 年，古代中東國家北以色列王國的第十一任君主，其父為約沙法王〈列王紀下 9:2〉。
50. 法國大革命時期一個激進派政黨。由羅伯斯比與丹敦為首，目標在於鬥垮政敵吉倫特派。因為山嶽黨的成員都坐在議廳最左側的高台上所以才得到這個名字。而我們現在形容激進人士為左派也是由此開始的。

尼歐（Lequinio），人稱「鼓吹揚棄基督信仰的急先鋒」（déchristianisateur violent），也許他認定一死百了的懲罰太過短暫，所以並不贊成極刑。他提議把路易十六送進苦役監獄，或是趕到戰船上面划槳。至於瑪麗-安托奈特，不妨命她負責清掃巴黎街道，不然送進硝石礦醫院（la Salpêtrière）[51]裡做工也行……

　　將瑪麗-安托奈特關進寂靜的修道院裡，或者將她交付社會制裁，或者命令她做巴黎的清道婦，或者送她上斷頭台處死，或者丟給狗群裹腹……關於她下場的各種異想天開想法，關於如何折磨她的各種誇張建議，王后能覺察到的不過是最後那拍板定案的處置方式。到那時候，當家作主的已是群眾的輿論，而它所宣佈的法令又全部蓋有真理的戳記。到那時候，潑糞刊物作者可以大方宣告如下的說詞而不會引發半點質疑：「我呢，我要把所有的真相公諸於世……」，然後任意添加閃過他腦際的各種罪行。至此，瑪麗-安托奈特諒無心情嘲笑潑糞文宣如何庸俗乏味，或是風格多麼彆腳。她已然陷入被控訴的深淵裡。除了接受事實以外，她是一籌莫展。這種轉變幾乎沒有過渡階段（從相應不理到張皇失措），使她沒有辦法採取對策。一旦瑪麗-安托奈特喪失了泰然從容的心境，她就變成一種天馬行空之話語的俘虜，變

---

51. 成立於法國大革命前夕的大醫院，附設監獄，專門收容妓女。

成這話語的具體靶心，可是她卻完全無法評估這套話語的政治影響力。潑糞刊物裡的文字找到了可資依附的軀殼，這軀殼便是她自己。如果她讀到《瑪麗 - 安托奈特之遺言》（Le Testament de Marie-Antoinette）裡的這一句話：「像我這種罪孽深重的人，公眾的復仇意志會加速我的覆亡」，面對潑糞刊物作者假借她嘴巴說出的句子，她篤定沒辦法保持冷靜態度。她自己和那頭神話怪獸已經合為一體，以至於她想避開那奪命的結局也是無能為力了。長年以來，這隻人獸合體的怪物已經將人民對於當權政府的敵意撥弄得十分熾旺，並且促使革命的熱忱蓄勢待發了。王后搖身一變成為「導致法蘭西一片愁雲慘霧的瘟神」，成為蟄伏在特里亞農宮的食人魔。在她死後不久，有人出版名為《卡貝孀婦瑪麗 - 安托奈特之遺囑》（Testament de Marie-Antoinette, veuve Capet）的潑糞刊物。它劈頭便寫道：「法蘭西的同胞啊，共和國的公民啊……你為人間肅清了一頭先前大家聞之色變的怪物[xxviii]。」除非她死，否則世界無法改頭換面重新脫胎。瑪麗 - 安托奈特生前具有一份只對宮廷生活有效的警惕心，同時又沒興趣解讀輿論對她看法何以波動起伏。她是革命意識型態過度膨脹之後的犧牲品，而且這種膨脹現象在潑糞刊物以及報刊的推波助瀾之下變本加厲起來。她那全憑直覺、立即反應、而且魅惑人的行為舉止顯露出安穩世襲政權特有的心理狀態。此種行為模式和那「夾縫求生哲學」（savoir survivre）不講求個體間之關

係的信念天差地別，也和後者佈局時善用的冷酷策略大相逕
庭。

瑪麗 - 安托奈特和塔耶杭（Talleyrand）：女伶與司儀

　　塔耶杭的首要職責便是司儀，然而在那時代，禮節已經
喪失意義，因此人們也少遵循，只是每跨一步便會踉踉蹌蹌，
笨拙得很。

羅貝多・卡拉索（Roberto Calasso）

　　查理・莫里斯・得・塔耶杭 - 貝黎果（Charles
Maurice de Talleyrand-Périgord），封號為塔耶杭（Talleyrand）
公爵（一七五四～一八三八年）是位了不起的天才。他巧妙
避開了滋養大革命的復仇怒火。他徹底不是可恨的舊社會老
頑固，而且每次出現，姿態都是新政府不可或缺的頭面人
物。不止大革命的期間如此，往後的督政府（Directoire）階
段、拿破崙的帝國時代、王政復辟期間，甚至路易 - 腓力普
（Louis-Philippe）的中產階級政府也都一樣。他先以去宗教
化的先進開明立場投入職業生涯，但在家族權威的影響下，
甚至沒有裝出一絲不情願的樣子，便接受了教會中的職位。
一七八八年，路易十六任命他為奧當（Autun）城的主教。不
過，從個人虔誠信仰的立場而言，國王其實是反對這項派令
的。

身為三級會議中的教會代表，一七九〇年七月十四日塔耶杭竟然在巴黎練兵場主持國族聯盟的國慶（Fête de la Fédération nationale）彌撒。當時下起傾盆大雨，但聯盟會員的熱情未見稍減，而塔耶杭這個不信宗教的人依舊行禮如儀，這個擔任世人和上帝居間者的人仍然行禮如儀。他在現場面臨了兩個理念敵對的陣營：其一，從法國各省趕來的人民，聚合成史學家密須雷（Michelet）所歌頌的「盛大嘉年華」；其二，國王以及王后，對於人民的新信念毫無洞察能力，只是固執抱著君權神授的那單一教條。國王宣讀誓言，但絕不是心甘情願。王后幻想能到別處去聽彌撒。在這片既歡樂又感傷的氣氛之中，她動也不動地僵著。她不想參與普羅旺斯地區特有的法蘭多拉（farandole）舞蹈，而是巴不得趕快逃離歡慶的活動，逃離在她看來頗具威脅性的逆境。走筆至此，密須雷的怒意傾瀉而出（這時，他不妨就套用作家亨利·米修〔Henri Michaux〕的話：「我在對一些被砍掉腦袋的人說話！」），他寫道：「那麼您呢？王后陛下，這群子民如此信賴別人，如此無所適從，曾經歷悲慘的過去，又面臨恐怖的未來，剛才難得那樣手舞足蹈，無憂無慮，讓您看在眼裡，難道不會心生憐恤之情？……為何您那湛藍的雙眸閃著疑惑的光芒？有位保王黨的人士說得真確：『各位看那巫婆』，這是維里厄（Virieu）侯爵說的話[xxix]……」這個「巫婆」隨時準備唸起咒語，以便抽身離開這個窘境。而在此時，

塔耶杭正站在祭壇前方，懷著對國王夫婦應有的敬意，一項一項執行儀式流程。

一七九五年拿破崙被推薦進入督政府（Directoire）[52]，接待他的正好是塔耶杭。夏托布里昂曾寫道：「那個人在祭壇旁迎接征服者，心裡想著：『不久以前，我才在另外一座祭壇前主持過彌撒呢ˣˣˣ』」。從這個祭壇到那個祭壇，塔耶杭展現了史無前例的外交官生涯，因為他前後擔任過督政府、拿破崙政府和路易十八政權的外交部長。後來雖在查理十世時代稍微失勢，但是隨著路易 - 腓力普開始掌權了，他又東山再起，出任法蘭西駐倫敦大使。這種驚人的柔軟度不僅讓他毫髮無傷度過各階段的政治風暴，而且使他得以在接續更迭的政權之中穩佔最重要的職位。後世經常把這種傑出的能耐解釋成變節的高手。他唯一的職志應該就是背叛：朝代有興有衰，但塔耶杭永遠屹立不搖，這顯然是他腐敗墮落的明確證據。這是夏托布里昂的觀點。拿破崙策動的百日復辟失敗之後，當夏托布里昂看到路易十八首先接見塔耶杭時，便下了波旁王朝確實可以穩當重建的結論：「突然打開了一扇門：只見敗德先生倚靠著罪行先生的臂膀靜靜地走進來，也就是說，塔耶杭先生由福薛（Fouché）先生攙扶著走進來；這幅極醜惡的景象在我眼前緩緩開展，然後消失在國王的辦公室裡。

---

52. 法國大革命中於 1795 年 11 月 2 日至 1799 年 10 月 25 日期間掌握法國最高政權的政府，前承國民公會，後啟執政府。

福薛來向他的主子宣誓效忠；這個忠誠的弒君者跪了下來，將他那雙曾令路易十六腦袋搬家的手放在殉國國王弟弟的兩掌間；而那位變節的主教則是那番效忠誓詞的見證人 xxxi。」

由夏托布里昂先生所代表的道德勢力並不甘於緘默。這股勢力單獨勇往直前，賣力發表宣言、告誡與公開信，呼籲大家忠於原則。說到夏托布里昂的政治生涯，它和塔耶杭的正好形成強烈對比，因為前者斷斷續續、一波三折，情況是值得敬佩的。他那些最令吾人稱許的經歷（這也是他自己所津津樂道的）莫過於掛冠求去的實際作為（比方在昂吉安〔Enghien〕公爵 53 被處死刑之後；大家知道，塔耶杭該為這事負部分責任）或是遭到解職（夏托布里昂曾於一八二二年被路易十八任命為外交部長，但是才六個月之後就被「趕下台去」）或是流放國外。道德雖然高聲宣揚，但不得不迂迴前進，因為它受到敗德和罪行那可惡勾搭的凌辱，而且不管你用什麼口號加以美化炫耀，現實就偏偏頑強執拗地建構在那勾搭之上。塔耶杭的罪惡在於他成為變節背叛的典型，同時又享受棄信捨義的無上快感。他那套偷偷摸摸、拐彎抹角的手法幾乎沒有留下痕跡，就算是有，也只是那幽影中一座埋葬諸多秘密的巨大墳塋⋯⋯

---

53. 1772～1804 年，波旁王室的親族，在拿破崙統治時含冤被控串通英國、密謀顛覆法國而遭槍斃。

塔耶杭也許是個專精於密謀和背叛的超級天才，然而這種資質亦伴隨著一份堅持（因此更強化了他的惡魔本質，同時清楚說明為何他能成功）：不需看重實質內容，只需在乎作風即可。根據此一信念，手腕要比行動重要，名聲功勞通常歸於正式簽署的人而非真正的創制者。如同羅貝多 · 卡拉索在《卡須的廢墟》（*La Ruine de Kasch*，這是一篇原創性高且筆鋒犀利的文章）中提及的：塔耶杭是「除了行事作風始終如一以外，可以背叛一切的人」。世人對於行事作風的瞭解掌握可謂是一個世紀不如一個世紀，然塔耶杭因掌握它，就此成為所有政權不可或缺的人物了。所謂行事作風既無目標宗旨亦不偏好哪種處境，它的力量在於讓人可以超脫目標宗旨或者任何處境。塔耶杭的天賦在於擅長傾聽，專精辨識解讀。他很懂得耳聽八方，同時操控多條線索，又明白該如何為表面乍看之下絕不相容的事物找出過渡的點。他能夠體會思想的微妙差異，出乎別人意料之外報以微笑，又與一切保持距離。

塔耶杭運用智慧，將先見之明的難得長處與採取守勢的含蓄態度結合起來。他密切關注著輿論的表露，從不懈怠，這便是他成為政壇長青樹的秘訣。如此看來，不管出於自娛或者出於洞察民情所需，塔耶杭習慣閱讀潑糞刊物也就不足為奇了。他仔細觀察小冊中遣詞用字所包藏的惡毒誇飾，內容無非不斷呼籲揭竿起義、揭發各種濫權瀆職，可是卻縱容

一代妖后
97

自己利用言語煽起激烈的情緒。瑪麗－安托奈特起初一直把小冊中的言語辱罵當成語無倫次的可笑噪音，完全沒有必要理會，但到後來，卻突然驚覺到，那些已被改編成歌謠的惡意中傷確實真是威脅。塔耶杭則不同，他在那些文字中讀懂已成俗套的手法以及策略性的攻擊目標。因此，他也才有辦法擋開它可能造成的後果，並且改變它的發展方向。

我們可以在紐約的公共圖書館裡看到一批於一九三七年獲得、共計五百本的潑糞刊物，都是先前塔耶杭的私人藏書。這批文獻的主題以財政金融以及神職人員為主（幾乎沒有一本談及王后，倒有少數提到玻里涅亞克夫人，把她那「性愛遊戲所有細瑣花招」的場面寫進扉頁）。先看書名便可一窺堂奧：例如，《掀翻教士圓帽》（*La Calotte renversée*），作者和《我不在乎》（*Je m'en fous*）的作者係同一人；《新讚美歌》（*Cantique nouveau*）；《三級會議之中挺機靈的僧侶》（*Le Moine qui n'est pas bête, aux États généraux*）；《可敬之教會人士的酷好》（*La Passion de notre vénérable clergé; selon l'évangile du jour*）；《玻里……夫人的告解與悔罪又名從良的新瑪德蓮》（*Confession et Repentir de Madame de P......ou la Nouvelle Madeleine convertie*）；《前法蘭西王后瑪麗－安托奈特的懺悔》（*La Confession de Marie-Antoinette ci-devant reine de France*）；《婦女請願要求獲准參加三級會議》（*Requête des femmes pour leur admission aux États généraux*）（書中的婦女提議道：「應該被派去當大使的難道不是我們這些婦女嗎？」）；《一位產婦寫給鮑瑪榭的信》（*Lettre d'une femme en couches à Beuumurchais*）；《啊！啊！一位保土黨黨員與一位國會議員商討時事》（*Ah! Ah! Conférence sur les affaires du temps entre un royaliste et un parlementaire*）；《強姦》（*Le Viol*）（作者署名莫希〔Maury〕修道院院長），書中出現如下對話：「哎！他要搞死我了，壞蛋，禽獸／好，太好了，夫人。罵得好！我聽了更興奮」，而且書末亦有如下附記：「關於大名鼎鼎的莫希修道院院長，這裡要向巴黎市尼聲明：那個傢伙竟於五月三日提議，要教玻里涅亞克那個老女人掌權統治各位」，等等。

潑糞刊物開啟了類似諷刺漫畫的遊戲。它將一切教條顛覆，具備嗜好嘲弄和蠻橫無禮的特性。對塔耶杭而言，世界正從這背景清晰地浮現出來。它提供奚落挖苦的管道，但同時又具備警告提醒和教誨的價值。在塔耶杭那雙銳利無比的眼睛裡，潑糞刊物語言的誇張修辭包含一股勸阻的力量，斷然不會誘使別人擁護它的內容。他在潑糞刊物的語言中讀出一種形式上的虛腫，看出一張娛樂性的面具。他面臨王朝崩潰所導致的世局大動盪，所運用的同樣是這種破除神秘、直視真相的手段。塔耶杭理解到，政治智慧「從今以後已不再是阻止或是挑唆那些激變動亂（不管哪種舉措，反正都是既

粗野又幼稚），而是『減弱衝擊力道』（atténuer le coup），利用仍然剩餘的溫馨香澤浸潤每一個角落，並以遺忘在那閣樓裡的高貴縐紗將其包覆起來！尤其需要破除對於激變動亂的信仰與依賴，拒絕賦予它一向宣稱自己所具備的那『優勢』本錢 xxxii」。

塔耶杭細讀了那批潑糞小冊，因此更堅持削弱道德價值的做法。他一生在投機事業當中不肯輕信任何事物，這點與其個性不謀而合。他是現代歷史進展之典禮的司儀，他為各個事件做出來的介紹冠冕堂皇，但在背後不忘饗以撒旦式的冷笑。

社會對於舊政權那套儀節禮貌一旦逐漸淡化了記憶，塔耶杭這種司儀的角色就越重要。為了彌補臨時湊合所導致的零零落落，人家就非得求助於他的「上流法度」不可。「所有人都在夢想宮廷的種種，然而進退儀禮慢慢無人記得 xxxiii。」

瑪麗 - 安托奈特代表的正是合宜的進退儀禮。她以璀燦光彩賦予凡爾賽宮廷最後的形象。她是王宮裡的主要演員。

塔耶杭是政治界的明日之星，他隨時代的改變而改變。瑪麗 - 安托奈特則否，她停格在一個固定的形象上。

....

i   Le prince de Ligne, *Les Plus Belles Pages du prince de Ligne,* Paris, Mercure de France, 1964, p. 194-195

ii   *Essais historiques sur la vie de Marie-Antoinette d'Autriche, reine de France, pour servir à l'histoire de cette princesse*, Londres, 1789, p. 1.

iii   *Ibid.*, p. 2.

iv   *Marie-Antoinette. Correspondance secrète...,*op. cit.,t. II, p. 404.

v   有關因法國大革命的啟發而產生之新的時間觀念，請參考拙著專章：《L'héroïne du crime: Marie-Antoinette dans les pamphlets》, dans *La Carmagnole des Muses. L'homme de lettres et l'artiste dans la Révolution,* sous la direction de Jean-Claude Bonnet, Paris, Armand Colin,1988.

vi   Edmond et Jules de Goncourt, *Marie-Antoinette,* Paris, Olivier Orban, 1983.

vii   Robert Darnton, *Bohème littéraire et Révolution. Le monde des livres au 18ème siècle,* Paris, Gallimard/Le Seuil,1983, p. 98-99.

viii   Nietzsche, *La Généalogie de la morale,* Paris, Gallimard,1987, p. 36.

ix   Archives nationales, cote 444 AP.

x   Lettre du 7 décembre 1791, *ibid.*

xi   Céline, *Semmelweis et autres écrits médicaux,* Paris, Gallimard, 《Cahiers Céline》, 1977, p. 19.

xii   Roberto Calasso, *La Ruine de Kasch,* Paris, Gallimard,1987, p. 42.

xiii   *Mémoires inédits de Mme la comtesse de Genlis,* Paris, Ladvocat, 1825, t. I, p. 285.

xiv   *Vie de Marie Antoinette d'Autriche, reine de France, femme de Louis XVI, roi des Français, depuis la perte de son pucelage jusqu'au premier mai 1791,* ornée de vingt-six figures, et augmentée d'une troisième partie, à Paris, chez l'auteur et ailleurs avec permission de la liberté, p. 130-132.

xv   *Conférence entre Mme de Polignac et Mme de La Motte au parc Saint James, ou Lettres de M. de Vaudreuil à un abbé fort connu,* Londres, s.d., p. 7.

xvi   *Tel gens tel encens,* s.l.s.d., p. 23-24.

xvii   「陛下」終究于月化作人形。國王夫婦駐蹕杜樂利宮時，瑪麗 安托奈特曾寫信告訴寵臣費爾森：為了方便密碼信的往來，路易十六命令對方以「您」取代「陛下」。

xviii   *Marie-Antoinette. Correspondance secrète...,* op. cit., t. II; p. 1（juillet 1773）.

xix   Louis-Sébastien Mercier, *Le Nouveau Paris,* nouvelle édition, t. I, p. 35-36.

xx   *Essais historiques sur la vie de Marie-Antoinette, reine de France et de Navarre,* seconde partie, 1789, p. 91.

xxi   Louis Massignon, *Parole donnée,* Paris, 《10/18》, 1970, p. 193.

xxii   Hector Fleischmann, *Les Pamphlets libertins contre Marie-Antoinette,* Genève, Slatkine, 1976.

xxiii   Mme Campan, *Mémoires sur la vie de Marie-Antoinette,* Paris, Nelson Edition, 1823, p. 19.

xxiv   *Marie-Antoinette. Correspondance secrète...,* op. cit., t. I, p. 68.

xxv   *Testament de Marie-Antoinette d'Autriche, ci-devant reine de France,* 1790, p. 5.

xxvi   *Confession et Repentir de Mme de P...ou la Nouvelle Madeleine convertie,* 1789, p. 11.

xxvii   *Description de la ménagerie royale d'animaux vivants, établie aux Tuileries, près de la ter-rasse nationale...*, s.l.s.d.,p. 7-8.

xxviii   *Testament de Marie-Antoinette, veuve Capet*, s.l.s.d.

xxix   Jules Michelet, *Histoire de la Révolution française*, Paris, Laffont, 1979, p. 339.

xxx   Chateaubriand, *Mémoires d'outre-tombe,* Paris, Gallimard, 《Bibliothèque de la Pléiade》, 1951, t. I, p. 709.

xxxi   *Ibid.,* t. l, p. 984.

xxxii   *Ibid.,* p. 19. 當我在公共圖書館的主廳閱讀《莫貝赫廣場婦人之歌》時，坐在我對面的讀者則津津有味地讀著電話簿裡用戶的姓名（但是未做筆記）。我猜想這可能是他的一種自我鍛鍊，藉此解咒某些姓氏所散發的魔力；人生在哪個家庭，是老天隨意的分配！但人們卻都不自主的在某些姓氏上安上魔力。

xxxiii   *Ibid.,* p. 12.

時尚王后

杜樂利宮好比關滿罪犯的大監獄，高高聳立在毀滅的歡慶盛會之中。被判刑的人一面遊樂，一面等著囚車，等著肅清行動，等著人家拿去晾乾的「紅襯衫」[54]，而外人透過窗戶看見王后圈裡人的耀眼丰姿。

夏托布里昂《墓外回憶錄》

（ *Mémoires d'Outre-Tombe* ）

美麗而且和善

　　瑪麗 - 安托奈特她的形象可比一顆寶石，鑲嵌在優雅以及青春這華麗戒台上的耀眼寶石，然而這是她的死亡所造就的。在後世的集體意識之中，斷頭台使她成為最後的王后，或者乾脆簡稱「王后」即可。不過，對於王后形象的迷戀並不僅發生在她死後而已。這份迷戀在她生前便已開始，但總處於愛恨交加的矛盾情緒裡，是渴想與憎惡、幻覺與索討的混雜現象。瑪麗 - 安托奈特的吸引力可比今天影視明星所散發的魅力，原因是王后對於出眾之外貌儀表一向寄予熱情。瑪麗 - 安托奈特活在對於自身美貌有所知覺的情緒中。她對美的品味，甚至她的道德觀念都脫離不了這一份執迷。她知道什麼最適合自己。特里亞農宮的室內設計以及家具式樣也

---

54. 根據當時傳統，殺人犯和下毒犯都要穿上代表卑劣人格的紅襯衫。一七九四年六月十七日，總共有 54 名罪犯被指控為企圖暗殺「人民之父」羅伯斯比的保王黨，並被穿上紅襯衫等候處決。此外，暗殺革命家馬拉的女子夏洛特 · 考爾戴（Charlotte Corday）亦曾被迫穿上紅襯衫。

都根據她的偏好而定。同樣，王后在選擇服飾的時候，這份對於顏色以及和諧感的偏好同樣表露無遺。王后很珍愛自己的美貌，而這份嗜好是具有感染力的。即使在她最不受民眾歡迎的年代，即使在她首度承認「夢幻年代已然消逝」的那時候（一七八九年八月三十一日寫信給玻里涅亞克夫人時所稱[i]），這種由她本身散發出的幸福氛圍都還持續發生影響。她很吸引外國人、初到巴黎的人以及大革命時好奇的人。一七八九年春天，美洲總督莫里斯（Morris）從美洲來到巴黎，就殷切期盼能盡早參訪凡爾賽宮。他曾在日記中寫道：「國王陛下住處十分舒適，但我無法一探王后套間，因為王后正在裡面。若要打賭，十個人裡會有九個同意我的說法，覺得王后比起她自己的任何一件家具都更精美。本人只能聊勝於無，看看勒布罕（Le Brun）夫人[55]為王后所繪的肖像畫；畫中人物特別美麗，我認為她與此相比應該毫不遜色[ii]。」（王后本人實在教莫里斯愛入骨裡，以致後者甚至為她擬好一套出逃計畫。）

　　若說瑪麗-安托奈特為了獲取一己滿足而排拒或者忽視王權崇高的形象，那倒不是因為她厭惡自己身為王權的象徵。她和路易十六不同，不但精通此道而且還很喜歡，不過

55.　伊莉莎白・維傑・勒布罕（Élisabeth Vigée Le Brun, 1755～1842年），法國女畫家，因給皇后瑪麗-安托奈特繪畫肖像而出名，法國大革命後離開法國在歐洲各國作畫，一生作有約600幅肖像畫及200幅風景畫。

話說回來，她更在乎自己快不快活。她並不嚮往王權抽象的理想典型，亦即路易十四所認定的或是她母親奧地利女皇嘗試灌輸於她的那一種。她有意躲避凡爾賽宮的繁文縟節，因為在那其中，效果作用總非立竿見影，而且一切行動只能在可以預見的前提下一絲不苟地運作。她喜愛特里亞農宮中那種烏托邦式充滿友誼的空間，在那裡面，她在小圈圈裡幸運寵兒的注視下自在享受樂趣。在凡爾賽宮裡，出於對儀禮的尊重，「整個宮廷小社會維持自成體系的象徵文化™」。國王以及王后演好自身角色，支撐一整個統治集團階級制度的符號系統。然而在小特里亞農宮裡，由於可以暫時忘卻那套繁文縟節，瑪麗 - 安托奈特便能把自戀癖的圈子縮緊到她單獨一人的身上。在那其中，被彰顯出來的不再是某個階級的威望，而是某個女人的魅力。這樣可以逃離凡爾賽宮的煩悶與大而無當，逃到池塘旁邊和自己面對面，或是躲進「清新之廳」（Salle des Fraîcheurs）……反正一切與瑪麗 - 安托奈特相關的事物都散發出一種她個人獨有的魅力。她的住所生趣盎然、熱情洋溢、樂聲盈耳而又令人歡快。在她魅力所及的範圍外，她有意盡量只做個無聲無息的人。每當王后此一職責要她冷漠超然，要她無動於衷完成任務（她的職責也僅要求這樣），她都避之唯恐不及。莫里斯參觀國王夫婦的套間之後，越發迷戀起王后了。過了幾天，他受孟博瓦西耶（Montboissier）夫人的邀請，到小特里亞農宮的花園散步。

他的評論十分中肯：「王室在此耗費鉅資，其目的只求躲開自己的目光，可惜沒能成功 ⁱᵛ。」為了逃避凡爾賽宮裝模作樣的儀節以及嚴肅死板的氣氛，瑪麗-安托奈特和她的小圈子曾經一度熱中玩起一些遊戲。她們以瞎子摸人、猜謎語，尤其是扮國王等等名堂自娛……當然，路易十四本人在執政的最後幾年當中，曾對年輕的布根第公爵夫人讓步，包容她那古怪偏執但卻又討人喜歡的個性（夫人是路易十四之子太子路易的妃子）。布根第公爵夫人的舉止讓路易十四以及他的情婦滿特農（Maintenon）夫人相當著迷（布根第公爵夫人很明白，對於那雙王室情侶，單單取悅一方是不夠的），著迷於她腦袋中那千百種突發奇想的點子，而且心血來潮便會立刻實行，完全不把任何禮法制度放在眼裡。所以，一旦讓布根第公爵夫人坐上馬車，「她沒有一分鐘可以安靜坐在定位，總是不停從這角落換到那個角落，像小猴子似的沒有耐性 ᵛ。」「有時正餐吃到一半，她便引吭高歌，或站在椅子上跳舞，裝出向在場人士致敬的模樣，但同時也扮出最駭人的鬼臉，並且伸手拿起盤子裡的雞或鷓鴣，將其撕碎，再把手指浸在醬汁裡面 ᵛⁱ。」有時，夫人堅持晚間不進宮裡，只是獨自在花園裡跑上整整一夜……公主、聖-西蒙（Saint-Simon）公爵以及全體朝臣都起了反感。但就算布根第公爵夫人的行為再如何離經叛道，也不致令凡爾賽宮的小社會鬆動分毫。大家明白，那些行為不致撼動朝儀制度，路易十四

視為例外加以包容，正好可以突顯規矩的確存在。瑪麗-安托奈特她的情況恰好相反，由於她違抗了成規，朝儀制度開始遭受到嚴峻的挑戰。

　　瑪麗-安托奈特喜歡能立即呈現效果的行為，她在那種神奇的、令人欣快的感覺中品嚐生活的滋味；因此，她就特別喜歡行善施捨，而且對於自己慷慨助人的那場面尤其樂在其中。她大可以借用小說《危險關係》（Les Liaisons dangere-uses）中瓦勒蒙（Valmont）子爵的一句話：「行善所獲得的快感還真教我驚訝。」在自己一生中，她不斷地複製這種快感，而其方式林林總總，每一件都配寫進塞居爾（Ségur）侯爵夫人[56]的小說裡。有一回在楓丹白露狩獵之時，有位村民被公鹿弄傷了。他的妻子見狀昏厥過去。當時身分還只是太子妃的瑪麗-安托奈特竟然從車上一躍而下，飛奔前去救助那可憐的村婦。王后拿出香水讓她嗅聞，又賞她錢，又安慰她。這個場面頗具教化價值，早被奧國大使梅爾西-阿爾強托寫進報告裡：「最後，女大公受感動，惻隱之情油然而生，並且掉下眼淚。這幕景象令在場一百多位目擊者陪著落淚。這些圍繞在女大公四周的人全都立定不動，因為他們太激動了，異口同聲讚美如此獨特又如此感人的事件[vii]。」一七八四年的冬天異常寒冷，王后為自己的小孩「上了一堂

56.　1799～1874年，原籍俄羅斯的法國小說家，作品多為兒童而寫，其中最著名的是《蘇菲的不幸》（Les Malheurs de Sophie）。

慈善課程」（康彭夫人語），其方法是：向王子公主們解釋，原本預計用來為他們買玩具的錢要挪去購買麵包和毛毯，以便幫助窮苦的小孩子過冬。隔年，王后又在特里亞農宮裡收容｜二個貧困的家庭，招待他們食宿。她也曾經設立「婦女慈善協會」。

她的義舉有些收場不好。就拿收養一事來講，典型是富人濟助窮人時經常有的盲點。有次，王后出遊，馬車差點輾過一名兒童。「小孩的祖母從茅屋門口衝出來抓住他；王后在馬車上站起身來，向老婦人伸展雙臂，一面高聲呼喊，這個小孩她要定了，因為顯然老天在她自己尚未生育之前，先派他來安慰。王后問道：『他有沒有媽媽？』『啟稟王后陛下，沒有，我的女兒去年冬天死了，丟下五個孩子讓我照顧。』『那我收養這個，另外四個本宮也負責他們的開銷。不知道你意下如何？……』於是王后陛下回宮時手裡就牽著那個沒有教養的野孩子，這可教僕役們大吃一驚；那小孩子扯起嗓子大鬧，他要祖母，他要哥哥路易，也要姊姊瑪麗安娜，沒有辦法令他平靜下來。人家指派一名清潔僕役的妻子當他的褓姆，把他先送回家，並且安排其他小孩住進供膳宿的居所。那位外號叫阿爾蒙的小傑克兩天之後回到王后身邊，換上有花邊點綴的雪白衣服，披了飾有銀質流蘇的粉紅色圍巾，再戴上插了羽毛的帽子。這付行頭取代了他入宮時穿戴的羊毛無邊軟帽、紅色短裙以及木鞋。那小孩子模樣十分俊俏。王

后喜歡得不得了 [viii]。」傑克・阿爾蒙就沒那麼高興了。依據康彭夫人加在扉頁下的註記，我們知道：這小孩子日後如何忘恩負義：「一七九二年，那個小沒良心的大概長到二十歲了。一方面受到群眾煽動性言語的刺激，一方面又擔心被誤認為王后的寵兒，他竟搖身一變成為凡爾賽宮最殘暴的恐怖份子。後來他戰死在佳馬坡（Jemmapes）戰役裡 [ix]。」就像他初次跳進凡爾賽宮時高聲嚎叫那樣，他需要的不是王后，而是他的姊姊瑪麗安娜 [57]……！

正因為瑪麗-安托奈特喜好表象的東西，她對另一種瞬間便可看見蛻變結果的玩意更是樂此不疲。此種花樣講究形象出眾搶眼，也和電光火石般的璀燦並無二致，這裡說的便是時尚。德農（Vivant Denon）有篇故事的題目是〈沒有明日〉（*Point de lendemain*），內容描寫十八世紀縱情份子們的愛情如何朝三暮四、斷斷續續，但用來說明打著所謂時尚旗幟的事業亦無不妥。瑪麗-安托奈特和時尚業有著最深刻的意氣相投，可是當年看在同胞眼裡，卻是教人憤慨之至。王后信

---

57. 瑪麗安娜（Marianne）也是法蘭西共和國的象徵。她代表了共和國的二大價值：自由與理性。傳統的「高盧公雞」代表的是法蘭西民族及其歷史、國土與文化，而瑪麗安娜象徵的則是政治意義上的國家（État）法蘭西以及它的價值觀念。她的形象遍佈法國各地，還常常被放置在市政廳、法院或是廣場等的顯著位置，最著名的莫過於豎立在巴黎民族廣場（Place de la Nation）上的銅像，那象徵「共和勝利」的銅像。她的形象不僅在國家政府機關的印章以及法國的郵票上出現，還被刻在法國的歐元硬幣上，在先前流通的法郎上也有她的身影。瑪麗安娜是法蘭西共和國最為著名的象徵。

奉君權神授理論，但是裝扮上的細枝末節竟要聽命於與日俱變的專斷品味。凡爾賽宮是一個超脫於時間流之外的世界，王后卻接納變化無常的原則，喜孜孜地求新求異。她在宮廷裡推動時尚的發展，這已影響到首都人民生活的諸多面向。住在外省地區的歐伯基爾須（Oberkirch）男爵夫人行事謹慎並且講求理智，她對時尚潮流導致巴黎人風俗敗壞的情況大感驚訝：「聽完歌劇之後，我們到杜樂利宮花園那條時髦的散步道。正因為巴黎人一向任性行事，他們偏好花園中某條特定的散步小徑，對於其他的就不屑一顧。大家擠到快要窒息，幾乎打起架來。男人衣服上的鈕扣刮掉別人短大衣的黃金配件，腰間佩劍的柄勾破別人掛滿俗麗飾物的連身裙，配件有時整片脫落，就搭在別人劍鞘的尖端[x]。」

　　時尚反映了瑪麗-安托奈特追求絕對完美的那份熱情。她全心全意地投入其中。王后成長於維也納的熊布朗（Schönbrunn）城堡，熟悉那掛著偉大列祖列宗之肖像畫的大廳，那因厚重的巴洛克畫框而熠熠生輝的大廳，但如今卻義無反顧，致力於時尚這種轉眼即逝的流行。她令邊飾必打摺成為鐵律。若是圍上披巾，胸前所形成的半月形凹處應以小小花束遮掩，這個也是她的習慣。展示列祖列宗肖像畫的華麗大廳（其歷史可以上溯年湮代遠的時期）老早被她拋諸腦後，一張時裝版畫就可輕易加以取代。瑪麗-安托奈特既是時尚潮流的追隨者亦是時尚潮流的創新者。她的標緻體

態、她的一頭金髮、她的湛藍眼眸、她那有如撒克遜瓷器的細膩潔白膚色，在在徹底呼應了那時代的新品味，就是在髮色上輕視棕栗崇拜金黃。金黃色代表微妙的美感以及迷人優雅。

她希望自己能以既美麗又善良的形象面對世人，或許瑪麗 - 安托奈特也真如此。然而，當年的政治局勢卻不允許這個宣傳的形象佔到上風。這正是悲劇性的天不從人願，因為很矛盾的，當后妃公主和時尚一拍即合之後，時尚便成為她們生命中最重要的意義。她們穿著手藝一流的裁縫師所精心設計製做的衣服，並招搖地四處展現。報章雜誌將后妃公主們吹捧為時尚潮流的大使。她們必須成為高尚品味與慈善事業的化身。她們不是參加時裝表演，就是忙於慈善活動，甚至可以為了這類活動發揮無比創意（所以我們才會讀到如下新聞：「荷蘭的伊蕾娜公主以及她的三位子女，波旁・帕瑪的賈依梅、瑪格麗特和瑪麗亞・卡洛琳娜以荷蘭語灌製一張光碟，目的在為馬尼拉貧困的家庭打氣，因為這些家庭想方設法要讓子女上學，但是根本沒錢[xi]」）……若把瑪麗 - 安托奈特視為舊政權的象徵，進而說她死有餘辜，那是不公平的，因為就事論事，是她發明「摩登后妃」這角色的。時至今日，這角色在廣大群眾中大受歡迎的現象是不言而喻的……

紅

　　在一七七〇至一七八〇年間，為讓自己顯得優雅動人，
女士依舊使用各種妙方巧計以遂其願。說到時尚，眾人皆知，
渾然天成才是最高境界 [xii]。至於何謂純真而不造作，標準便
不止一套了。在那年代之前，大家臉上經常貼滿黑色假痣（男
女都好此道），但到這時，上述那種流行已經退燒，人臉勻
淨多了。不過胭脂 [xiii] 仍然大量使用。若要想像十八世紀時的
人臉，那就好比今天你在教堂石材本色的柱子間閒步之際，
也必須發揮一點想像力，還原其原本鮮豔的顏色。在那年代，
教堂的石柱以及拱門都要上色的，各種黃色調、藍色調和紅
色調正好和彩色玻璃的透亮以及信徒們服裝的奪目顏彩互相
呼應。望彌撒正是上流社會人士公開亮相的上選場合，彷彿
是五彩繽紛的歡慶活動。對大多數的女性而言，那更是唯一
可以拋頭露面的機會。世紀悄然流逝，人和建築一樣都會褪
色。（刺眼色彩喪失銳度，這種消蝕是漸進的，類似現象也
表現在法文演進的過程中，因為在日復一日的實際使用之
後，詞彙每每損耗其原本具體的意涵，進而染上抽象語義。）

　　今天，中產階級講究低調，認為那是良好品味，因此喜
歡灰色或淺褐色多過喜歡鮮粉紅色或橘黃色。但這現象當時
並不存在：貴族傲氣即以大肆揮霍以及招搖裝束體現出來。
濃妝豔抹外加珠光寶氣證明社會對權勢外在標幟的信賴。所
以，凡爾賽宮用的紅比其他任何地方更紅：「后妃公主用的

紅色極其鮮豔濃烈，她們嚴格要求，女士正式入宮晉見，塗的胭脂需比平日用的更紅才行 [xiv]……」既然入宮晉見此一殊榮必定會教她們酣熱臉紅，那麼就固定用這胭脂來表達好了！在其他沒那麼正式的場合裡，胭脂若抹得厚，也就不必擔心該臉紅時臉卻紅不起來。雖說它可以遮掩不知害臊的缺點，但是還有更大用處：它會覆蓋歲月所造成的痕跡。瑪麗 - 安托奈特曾在一封寫給她母親的信中提到：「這裡的老人家仍是濃妝豔抹，和年輕人比起來甚至有過之而無不及。」然後她又補充：「不過一般而言，過了四十五歲，服裝顏色較不刺眼，不再那麼花花綠綠，連衣裙的剪裁也都不再緊貼腰身，式樣較為莊重，再說頭髮也沒那麼鬈曲，髮型也沒那麼高聳 [xv]」。詩人聶爾瓦（Nerval）就想到：當時的人習慣在頭髮上撲粉，以致大家全都頂著一顆皚皚白首，彷彿象徵十八世紀末的法國社會已如日薄西山。不過如果我們想到皺巴巴的臉頰塗滿醒目胭脂，那麼似乎也可反向思考，斷言那個社會青春永駐。

「插天高」

　　瑪麗 - 安托奈特寫上述那封信向她母皇描述凡爾賽宮的時尚潮流時，芳齡不過二十一歲。她非但沒想過要將髮型壓低一些，反而還要想方設法使它盡量加高，完全不管路易十六三位姑母交相非難或是娘家母皇諄諄勸誡。有人提醒

她為后該有的分寸。臣下一再陳言，王后不應該化妝打扮得像個戲子或是情婦。瑪麗-安托奈特並不否認自己很愛漂亮：「的確，我在服飾打扮上面多花了點心思 xvi。」為教奧國女皇寬心，她答應在下一封信裡附上「自己不同髮型的素描」……後來，王后忘了這項承諾，不過，反正無論哪種髮型應該都複雜到不是靈巧的手還畫不出來呢。

一七七五年流行的髮型已誇張到無以復加的地步了。為完成自己的傑作，美髮師得爬上梯子才行。女士出行若坐轎子還得跪坐，有些門的高度已不足夠。有些諷刺漫畫將其畫成衝天模樣，活像一束麥稈或是懸吊在天花板的枝形大燭架。儘管著實不便，即使易生危險，宮裡貴婦以及外省區的風雅女士也是身不由己，別無選擇。 且頭上頂了個「插天高」（monte-au-ciel），她們幾乎連稍微動一下都不敢動，所以只能骨碌骨碌轉動眼珠代替手勢比劃……這種只為一場晚宴而設計的髮型，其結構和二十世紀初年在美國遍地開花的摩天大樓展現出同樣的雄心壯志……可是，這類髮型不止在高度上做做文章便罷休了，它還讓別開生面的怪異幻想插翅而飛。當年的美髮師不但具備建築師的才幹，還得消息靈通，展現潮流時事多方面的過人秉賦！追逐潮流的女士們有下面多款的式樣可以挑選：「柔情緞花高髻」、「花圃髮型」、「英國花園髮型」、「天真純樸髮型」、「雅典娜式髮型」、「花神髮型」、「埃及豔后髮型」、「黛安娜式髮型」、「漂亮

母雞髮型」、「地球儀式髮型」、「敞篷四輪馬車髮型」等等。
她們可說是把世界頂在頭上。要是哪位貴婦對某件喧騰一時
的時事感到興趣，那麼不妨要求美髮師設計出「預防針式髮
型」（自從路易十五死於天花之後，為王族接種疫苗的事成
為報刊的熱門話題）或是來一個「奎薩科髮型」（*à la Que-saco*）（要求做這種造型的貴婦通常文化水準較高，因為鮑瑪
榭的這齣劇作在那時候可是最風靡的）。基於這一種炫耀文
化涵養的心態，有些人則指定要做「伊斐珍妮（Iphigénie）
髮型」，因為這可突顯主人知道歌劇院正上演格呂克（Gluck）
的傑作，王后全力捧場的那一齣傑作。對於政壇比較有興趣
的，那就指定「暴動造反」啦、「獨立自由」啦、「費城」
啦等等令人聯想起美國獨立運動的世界大事。說到「革命髮
型」的話，那對貴族階級就有威脅性了，因為帽上很有技巧
地交疊起緞帶以及髮絡，靈感源自在巴黎爆發的飢餓恐慌，
由於麵包價格高漲所造成的恐慌。

　　這些髮型如此大而無當、矯揉造作，如此怪模怪樣、驚
世駭俗，以致吾人不禁要聯想起世紀末的「龐克」風潮。從
「革命髮型」到「印第安易洛魁髮型」（à l'Iroquois），這
裡走的都是災難主題[58]。還有被稱為「雞冠髮型」的。這種

---

58. 此指 1754 至 1763 年法國殖民者和親英之北美印第安易洛魁聯盟間的戰爭，亦
　　可視為英法兩國七年戰爭的海外版。哈德遜灣以及北美內陸地區均是他們爭奪
　　的焦點，因為控制這些地區便能壟斷獲利豐厚的毛皮貿易事業。

造型強調把頭髮捲成螺旋狀，其爭高直指的模樣，要是不像山之巔峰，就像大教堂的尖頂，和龐克的「莫霍克頭」（à la Mohawk）相映成趣，根本無視於髮型突然垮塌下來的危險。這些造型不但盛氣凌人而且自討苦吃，怎麼樣都教當事人坐立難安。

如果不是因為髮型一旦垮塌之後妍態橫生，那為什麼還要大費周章地打扮呢？此類誇張造型絲毫不知節制，正因有這種坍倒的潛在威脅，所以顯得更加誘人：有位海軍上將夫人讓那大海淹沒她的頭頂，那是波濤洶湧又相互激盪的意象，只要一點大意，哪道波浪被撥亂了，整個髮型就會毀於一旦……

瑪麗 - 安托奈特被這潮流吸引到無法自拔的地步，因此所冒的風險也很大。她決定將頂上前途交給時尚的美髮師處理，從那一刻開始，她便違反了法國王室的傳統規矩：替王后梳頭是一項帶頭銜的專仕工作，執其事者只能安安分分、不講創意做好這份榮職。全宮廷裡唯有特定那一位梳頭官可以碰觸王后的頭。瑪麗 - 安托奈特卻進用了自己挑選的時尚美髮師，等於將她的頭交由等閒之輩一雙卑賤的手隨意褻瀆。更有甚者，為了善用美髮師的天分，她還鼓勵對方盡情揮灑。瑪麗 - 安托奈特要保護的便是雷歐納赫（Léonard）那類「原創者」的才華。正因如此，她激起的憤慨有兩方面：其一，美髮師並不是王后專屬御用；其二，以前只由女官執

行的事如今交給男人去做，體統盡失。詹利夫人寫道：「在那年代，專門服務女性的女美髮師並不是沒有，所以女性若找男師服務可就不正經了。一年之後，凡爾賽宮裡的年輕貴婦專挑男美髮師拉爾瑟納（Larseneur）幫她們做頭髮，而且在她們的推薦之下，原本討厭時下流行之高聳髮型的三位王姑也消除了警覺。又過不久，專門服務女顧客的男美髮師紛紛在巴黎市開店營業；『最後雷歐納赫來了』，所有那些服務女顧客的女美髮師從此乏人問津，被大家棄之如敝屣^{xvii}。」雷歐納赫他的風光時日隨著大革命的爆發而告終了。（說他風光，因為他不僅是瑪麗 - 安托奈特的美髮師，還兼她的心腹，只是後來王室成員出逃瓦雷納時，他幫了糟糕的倒忙：「王后將自己的鑽石交給那徒有忠心但是思慮欠周的雷歐納赫先生，並且囑咐他協助索瓦熱勒逃往瓦雷納；結果事情全被他搞砸了^{xviii}。」雷歐納赫畢竟不是萬能的！）原先爭奇比高的髮型如今碰上「叫人弄短」（se faire raccourcir）的說法，就像秋風掃落葉般驟然消失（「弄短」當年是「上斷頭台」的謔稱）。史學家密須雷曾證實道：「最死忠的保王黨員也許不是貴族亦非教士，而是做假髮的^{xix}」。等到恐怖統治開始，他們昔日的建築師精神已經蕩然無存，而假髮的價錢也因原料供應源源不絕（剪下來的頭髮實在太多）而暴跌了。

假髮業者以及貴族階級真可說是惺惺相惜。大革命的期

間，前者流失大量客源，而後者少了他們的伺候，只能在聖 -
佩拉吉或是修道院（l'Abbaye）等監獄的中庭彳亍而行，頭上
頂著蓬鬆亂髮，沒撲白色香粉，甚至無法清洗。於是他們又
發明了「蝨子狗」（au chien pouilleux）的髮型。

招忌恨的頭髮

　　「衝著王后來的首波抨擊（不過還算溫和）比較類似
抱怨，而不像潑糞刊物的火力全開。它針對的正是一七七五
年左右猖獗流行的高聳髮型 ˣˣ。」這種狀似一坨一坨龍鬚糖
的龐然人物先是引起群眾訕笑。後來，到了一七八九年時，
大家不是笑笑就算，而是加以厲聲譴責。如今已非單純充做
笑柄，而是挑起對性別以及政治的嫌惡反應。《小報》（*Le
Petit Journal*）曾在分類廣告欄刊出求售物品的清單：「莒哈
絲（Duras）公爵夫人的整套行頭，包括大家都知道的基本配
件，另外尚有個別單品：假牙、假髻、假的頭頂簇髮、假的
環形鬈髮以及帶毛的假陰阜，都是王后美髮師（也是前任親
王劇院主管）的巧手所製 ˣˣⁱ。」報刊以既興奮又反感的口吻
揭露這類事情，並且警告社會提防瑪麗 - 安托奈特媚惑人的
常勝手段，因那會令保王黨的勢力坐大。受她欺矇的人都是
被她那頭長髮所迷住的。潑糞刊物斥責他們都是「王后那頭
紅色髮雲的崇拜狂」。
　　瑪麗 - 安托奈特那頭濃密紅髮（有時被比喻成聖經中猶

大的紅髮）在革命份子的想像當中披散開來，好似一面血腥
大纛。

頭髮乃是溫情信物

　　瑪麗 - 泰瑞莎剪下自己的幾綹頭髮，命人送給女兒。
瑪麗 - 安托奈特回信寫道：「您的髮絲帶給女兒慰藉」，
然後又說已經將其製成指環以及心形鍊墜。女皇接獲回
信，感動得喟嘆道：「親愛的王后女兒啊！我真高興，
想想自己那幾綹花白的頭髮竟能教你如此開心 xxii……」
瑪麗 - 泰瑞莎在字裡行間所傾注的活力如此巨大，就算她的
法文有錯而且文體古怪，仍然始終可以表達她的想望。甚至
不管語言因素或是自然因素干擾寫信，她的鮮活形象還是讓
人感受得到！「請你包涵信紙上的墨漬和塗改的地方；這信
我已寫了三次，前兩次都被風吹落地面。我的房裡風大，你
也不是不知道啊 xxiii。」有些段落不禁讓我們想起法國十七世
紀書信體文學家塞維涅（Sévigné）夫人 [59]。說到女皇這邊，
母愛和政治野心是一體兩面，所流露的熱忱及佔有慾和塞維
涅夫人可以說是難分軒輊。兩位母親都試圖透過書信維繫自

59.　1626 ～ 1696 年，法國書信作家，其尺牘生動、風趣，反映了路易十四時代法國
　　的社會風貌，被奉為法國文學的瑰寶。夫人自幼即失雙親，在外祖父母家成長，
　　受過良好的教育。18 歲出嫁，育有一子一女，26 歲喪偶，未再改嫁。夫人十分
　　疼愛女兒，大部分現存的書信都是寫給後者的。在她生前，書信已在友人圈子
　　流傳，70 歲時死於天花。

己的操控習慣，專橫支配各自女兒可受孕的肉軀：葛里央（Grignan）夫人就經常懷胎，正合她母親塞維涅夫人的意；至於瑪麗-安托奈特，還得加油才行……

雅好羽飾

正當高聳髮式如火如荼流行之際，髮型上的羽飾正是最受嘲弄的部分了。彷彿那些妝點縱然華麗奪目，卻也恰如其分象徵了「呆頭鵝女人」那該受譴責的輕佻。

許多流言基於上述理由非難王后賣弄風情，潑糞刊物也都因為這樣，扣她一個「太陰柔」的帽子，也就等於說他「淫蕩敗德」。女人如果讓流行時尚牽著鼻子走，那麼因此揮霍時間以及金錢，感覺便是耽溺在肉慾裡無法自拔。一味追求奢華衣飾會被視為內心混亂渾噩，同時也是那邪惡淫念的外顯跡象。若說花枝招展並不是導致墮落的因素，但它至少洩露了某一種心智狀態……當年那些極淫穢的潑糞刊物不都把放蕩性事隨便歸咎於頭上的羽飾嗎？《一七九〇年之貞女曆書》（L'Almanach des honnêtes femmes pour l'année 1790）提到，羽飾火熱流行起來，有位名叫貝索特（Peixotte 或是 Pexioto）的男士應是始作俑者：「那個矮小的猶太人脫掉他情婦的衣服，然後把幾支孔雀毛插進她的後庭，接著命她四腳著地，讓他牽著在房間裡四處爬行；他伸手拍拍對方的屁股並大叫道：『唉唷！妳這隻好棒的鳥啊！』最終，享受夠了令他心

醉神迷的前戲後，他取代了孔雀毛的位置。」《淫蕩的問答集》（ *Le Catéchisme libertin* ）裡也描繪了相似的放肆行為，不過主角不再是猶太人而是神父（在大革命的宣傳文字裡，上述兩類人物常被描繪成荒淫的角色）：「他從口袋抽出一支漂亮的孔雀毛，然後解開褲子鈕扣，屁股朝天趴在我的床上，同時要我把那支孔雀毛插進他的肛門，而我也照辦了；接著，他又命我伸手撫弄他的臀部，並且說出如下句子：『哎呀！這隻孔雀美成這樣 xxiv ！』」

描繪這類扮孔雀的敗德性愛遊戲已讓我們看出一種端倪：有人開始指控太過沈迷於流行時尚的風氣。迷戀華服首飾已和逛妓院的淫行相去不遠。愛美王后再跨一步就是婊子王后。「全巴黎最高貴最優雅的蕩婦也沒哪個穿得比王后好」，這是另外一本潑糞刊物《有關法蘭西王后奧地利之瑪麗 - 安托奈特生平的歷史評論》（ *Essais historiques sur la vie de Marie-Antoinette d'Autriche, reine de France* ）所說的話。

王后禮袍

王后下令大陣仗來伺候自己穿衣。每天早晨，她要從厚厚一大本的禮袍布料樣冊中做出定奪。瑪麗 - 安托奈特須從許多不同的白日禮服中挑出當天想穿的那一件，這是每天第一件要她拿主意的事。王后起床喝過咖啡之後，所司便將布料樣冊呈上，樣冊內頁都用別針別著布料樣本，供她從中揀

選看對眼的。王后熱切關注自己穿的長袍禮服，有時也會設計新的款式，比方一七八〇年流行的「王后長衫」即為一例：寬鬆袍子鑲了褶飾邊，袖管緊貼手臂，低領袒露，胸口飾以草莓。不過，絕大部分款式乃出自於貝賀丹（Bertin）小姐的原創設計，而她也是最受王后寵愛的御用裁縫師。瑪麗 - 安托奈特感激貝賀丹小姐的天賦，甚至特許她出入王后的私人套間。當年此舉可是非同小可的事，因為宮中儀禮規範對此限制甚嚴。例如，有次維也納的宮廷御醫到訪凡爾賽宮，必須勞動王后親自出面斡旋，他才獲准進入王后套間，反觀貝賀丹卻可以來去自如。她這特權已贏過任何高階的貴族。（瑪麗 - 安托奈特在這方面非常先進：她和今天我們這個社會一樣，都賦予時尚藝術極高的地位。）

針對王后耗費鉅資滿足虛榮心的習性，各界的批評聲浪都匯聚到她這位首選的供應商身上。貝賀丹被冠以「粉黛部長」此一渾名，輿論認定這位女裁縫師專橫引導王室品味，是個專門從中榨取金錢利益的壞東西。

此外，這位女裁縫師還象徵了世道敗壞，據說再由瑪麗 - 安托奈特將這負面影響導入法蘭西的風俗以及政府之中。法國大革命想像的基本價值是男性中心的，並且剛氣逼人，所以瑪麗 - 安托奈特所代表的陰柔調調正好與它格格不入：「王后從做小玩意兒買賣的圈子裡挑選部長，就是那個姓貝賀丹的娘兒們……另外一個娘兒們部長是歌劇院的基

瑪（Guimard），她是做服裝以及布料生意的 [xxv]……」（一個世紀之後，巴伐利亞的路易二世真正符合了潑糞刊物中描述的誇張作為。他從足以媲美特里亞農宮的住所派人前往慕尼黑組織新內閣，對方竟然是他自己的御用美髮師霍普〔Hoppe〕……那時已是十九世紀，再也無人相信魔鬼附身，大家改稱這行徑為「神經失常」。瑪麗-安托奈特經過法庭審判，宣判有罪之後送去砍頭。路易二世則是根據一份醫學報告被迫遜位，那份報告指出：「陛下已不可能領導政府，不僅未來一年不可能，一輩子都不可能」。陛下被逼走上絕路，自殺身亡。）

瑪麗-安托奈特這位「小玩意兒王后」（reine colifichet）腐蝕侵害了國政的莊重本質。在她的統治下，最嚴肅的問題卻只用對待流行時尚那種無關痛癢的態度加以處理。瑪麗-安托奈特的權勢象徵女性陰柔的力量，這一種隱秘玄奧的權勢因此益發危險。潑糞刊物譴責那一整條影響力環環相扣的鎖鍊。國王懦弱無能，甘受他的妻子擺佈，而這妻子又聽命於一個女裁縫師。國王的意志脫離不出王后裙襬的四周。

羅蘭夫人沒因羽飾流行而犧牲自己頗擅哲理思維的頭腦。她開始出入沙龍的時候，很憤慨地發現「舉目盡是帶女氣的軟弱男人，只會對輕浮的詩句讚不絕口，又對無價值的雕蟲小技目瞪口呆 [xxvi]」。王后的這位死對頭卻也知道以細膩的方式指出她的奸巧之處。以下便是羅蘭夫人描述巴黎市長

佩提翁（Pétion）和路易十六會見時的情形：「帷幕後面傳來絲綢布料摩擦的細微窸窣聲，佩提翁即認為王后人在現場，只是不肯露臉而已。國王親熱示好，此種態度令他深信對方其實虛情假意：他站穩了立場，守正不阿，對於國王嘗試賄賂收買他的企圖毫不妥協 ^xxvii ……」

另一位女士的筆下同樣提到瑪麗 - 安托奈特喜歡躲在暗處偷聽別人講話，不過這次可是推崇她令人讚嘆的謹慎態度。詹利夫人跟著朝廷眾臣來到馬黎（Marly）城堡。夫人習慣就寢之前在自己房間裡彈琴：「有天夜裡，大概十一點到午夜之間，本人一如往常彈著豎琴。當我專注詮釋一首奏鳴曲的時候，阿瓦黑（Avaray）大人突然走進我的房間裡，著實教我大吃一驚。他低聲告訴我，王后正在隔壁瓦爾貝勒（Valbelle）大人那裡，特意要聽我彈豎琴。於是，我立刻開始演奏自己最拿手最精通的樂曲，連續不斷一個半小時整，同時等待王后從隔壁的房間離去。可是那裡一片鴉雀無聲。最後，我實在疲倦了，只好歇手不再演奏。這時，隔壁卻響起熱烈的掌聲，而且重覆了好幾次。阿瓦雷大人唧王后之命過來向我道謝，同時以王后的名義對我說盡恭維的話。隔天，等我晉見王后，她本人又再把那一番話說了一遍 ^xxviii 。」

這則軼聞以及羅蘭夫人說的那則其實在本質上是類似的，都披露一個在幽影中運作的權勢：在隔牆後、在帷幕後、在屏風後，總之是一種察覺不到的，不過又無比強勁的權勢，

也是傳統裡被公認為女性的力量。羅蘭夫人深受盧梭之思想的浸潤，和他一樣都對幽暗力量以及女性力量感到驚怖，所以才會那樣不留情面批判瑪麗-安托奈特。共和政府特質便是公正、坦率以及陽剛，可是王后無所不在卻又難以察覺，兩者形成極鮮明的對比。後者正代表了王權墮落腐敗那種黑暗屬性。國王疲軟無能，只配做風騷王后的奴隸。整個王國都被懦弱、虛假和陰氣所籠罩。歸根究柢，正如同路薏絲‧侯貝（Louise Robert）所言，歷朝列王最大的缺憾便是他們各自的王后。這些所謂「戴冠冕的女妖」把僅限於婚姻關係中可行使的權力擴張到國事裡去。她們在閨房的深處發號施令，「調派軍隊，決定殖民地的命運……」。作者下結論道：「人民對於王權尚未感覺厭煩透頂，不過也許應該要求國王不要信神，希望他是個私生子同時又被閹割才好。[xxix]。」

在潑糞文宣的筆伐傳統之中，王后享受奢靡生活，因此榨乾了人民的財富（這個主題一直被放大成吸血鬼的行徑），此點使她和歷代受到君主寵幸的情婦劃上等號。王室繼續聘請鮑瑪榭查緝下流的潑糞文宣，這點也真耐人尋味：起先，路易十五出資僱他，目的在於查禁詆毀杜‧巴利（Du Barry）夫人的潑糞刊物。等到路易十五死後，其繼位者立即令他轉向，對敵視瑪麗-安托奈特的文宣作者開戰。杜巴利夫人的私生活曾挑起作家戴夫諾‧得‧莫杭德（Théveneau de Morande）的批判胃口，寫出了赫赫有名的《杜‧巴利侯

爵夫人之軼聞》（*Anecdotes sur Madame la comtesse du Barry*），
將宮廷和妓院難分軒輊的情況刻劃得入木三分，例如他說夫
人的丈夫讓・杜・巴利（Jean du Barry）是個既靈巧又富魅
力的皮條客，她從那裡直接爬上路易十五的床。（根據一份
警方報告：「真的就是她丈夫的乳牛」）。杜・巴利夫人愛
做奢華裝扮是出了名的，根據戴夫諾・得・莫杭德的說法：
她生平的兩大嗜好就是「什麼事都不做，還有始終忙著打扮
自己」。她的職業就是賣俏，就是施展媚術。

　　若要理解文宣為何諷刺挖苦瑪麗-安托奈特好打扮的習
性，那就必須先回到輿論批判杜・巴利夫人奢靡排場的脈
絡裡。王后繼承了路易十五那位情婦的名聲，一個人扮兩個
角色。這在法國歷史上是極特殊的情況：瑪麗-安托奈特既
是王后又是情婦（而路易十六卻恪遵中產階級一夫一妻的價
值觀）。在輿論觀點中，上述情況不但對瑪麗-安托奈特的
形象毫無加分效果，反而使她把諸多罪惡都攬上身了。既是
母儀天下的人，她卻逍遙自在，不受法律拘束。做為情婦，
國王對她言聽計從，只憑一己好惡便宰制了整個朝廷。於是，
瑪麗-安托奈特結合第一種角色的缺點（傲慢蠻橫、專制君
權）以及第二種角色的短處（表裡不一、酷好打扮）。看在
人民眼裡，她的豪奢手筆所費不貲，這點根本就延續了杜・
巴利夫人的作風。據說路易十五駕崩之時，她正忙著命人縫
製一襲金縷禮服。請看這一首辛辣的短詩：「法蘭西啊，你

的前途何去何從？／你受那頭母獸宰制。／從前，你的救贖得自一位聖女，／將來你要毀在婊子手中。」原先這首詩是針對杜‧巴利夫人而寫的，但在瑪麗-安托奈特的時代裡，它的意涵似乎又轉變得更加鮮活。

一七九〇年四月，翻舊帳的革命文宣《紅書》（*Le Livre rouge*）印行，這一本書揭露宮庭寵幸們的貪婪，還有他們那嗜錢如命的證據。大家不妨拿它來和后袍布料樣冊相比，那本王后起床之後、命人呈給她過目的樣冊。和那些得寵之後便貪得無厭的人比較起來，她花費在華服飾物上的所謂鉅額開銷就真的不算什麼了。國家破產，原因過於簡化說成某某女人愛亂花錢，這純粹是痴人說夢。導致國家崩潰的作用力絕對不是插天高的髮型，亦非金縷禮服，或者因為鞋子扣環鑲了鑽石。在史實的舞台之上，王后也好，情婦也罷，就算她們再如何的珠光寶氣，再具有多大的媚惑力道，佔的也不過是跑龍套的位置罷了。

現世報

有些傳記作家、歷史學家以及小說家都執意強調浪蕩子崩壞的過程，似乎為了證明：敗德生活不但虛妄，且其懲罰無可閃躲。正因如此，世人才會不知饜足，想像卡薩諾瓦（Casanova）晚年時的光景（因他絕口不談這一方面的事）。就是這樣，連他也不例外，都得掉入人類共同的命運裡，而

後世感到興趣的，正是他的頹敗慘況，換句話說，「他也是呀」，最後他也衰老。這種收場千篇一律，既平庸又賺人感傷。他的縱慾行為無人不曉，就算玩世玩到光環加身，最後也得俯首認輸，從此被排除在非凡命運之外，退出自己早年膽敢過的那種生活。如下這段評論文字描寫那位性愛能手下場多麼淒涼，其中多少含有頗明確的道德訓誡：「天哪！各位看看，歲月在他身上留下甚麼痕跡！卡薩諾瓦變得奇醜無比，而且彎腰駝背，誰還能認出他！他拖著沈重的步伐，在北方平原中某座古堡裡面走動，在那空蕩蕩的廳房之間穿梭。女僕躲避他的愛撫，廚子模仿他的口音。這就是非凡的卡薩諾瓦他的遲暮之年，好個古怪的老頭子！……」又因為這種凋零的進程起初難以察覺，彷彿並非漸進滲透，而是一次驀然到位。如此陷入死境，方式教人看了心驚肉跳，可以比擬最後審判或是《唐璜》劇尾石像客的邀請一樣。卡薩諾瓦遇到的事與此並無二致。歡宴戛然終止，面具摘下來吧！這個老人穿著太過寬大的衣物，甚至沒有一刻鐘的時間供他反省思考。面對日後等著他的寂涼歲月，他也只能束手無策。身體健康而精力充沛的傳記作者一旦寫到這裡，便會開始鉅細靡遺描寫主人翁的老態。他在其中看出主人翁世界的崩解。死亡尚未君臨之前，正義之神對於人的嚴厲斥責似乎便是令他老化，好像報復似的，提醒我們何為人性的尋常面。

瑪麗-安托奈特也是一樣。她的敵人因為目睹她年華老

去而喜不自勝，彷彿大家樂於想像：一名孟浪女子濫用青春魅力並且將它耗盡，然後突然變成老嫗。大家先前慣用什麼態度對待卡薩諾瓦這個威尼斯的投機份子，如今就拿什麼態度對待瑪麗 - 安托奈特，也就是說，把她未老先衰的外貌和她過去的美豔絕倫相互比較。這些荒淫之徒雖然年長，但並不是在尊嚴的等級上攀高了一層。他們只是馬齒徒長，沒能學會什麼，沒能了悟什麼，所以不必期待他們痛改前非。

一七八九年太子[60]病逝後不久，瑪麗 - 安托奈特的頭髮也開始變白。當年沒有哪篇相關文章不對這位年輕女性容貌上的巨變記上一筆。伏萊須曼（Fleischmann）形容「她那瘦削的臉只有女囚俘的白髮聊加襯托」。傑拉爾 · 瓦特（Gérard Walter）在描述她的「肉軀崩壞」之餘，又加上如下的斷言：「需要她公開露臉的官式場合所剩無幾，但這時候，她畫極濃的妝。所幸她的美髮師以及裁縫師手藝精湛，仍有辦法為她遮掩老態，然而私下只和親人相處之際，她的身軀所承受的摧殘便以震懾人的清晰程度直截了當暴露出來。她的體重不斷減輕，乳房下垂，臉帶虛火，長出丘疹膿皰，而且目光落寞，眼窩深陷，嘴角因唾液的分泌而顯潮濕[xxx]。」這種筆調近乎醫學報告，但也難掩作者厭惡之情。其中透出一套自

---

60. 路易 · 約瑟夫（Louis-Joseph）（1781～1789年），路易十六長子，封為太子，但1789年即夭亡，改由次子路易 - 查理繼太子位。民間傳說路易 - 約瑟夫乃被下藥毒死，而非自然病故。

以為揭露真理的意識型態：將女人天性中的恐怖特質一下子赤裸裸地攤給你看，彷彿這種天性只能暫以虛妄加以蒙蓋，利用華服的魔力以及青春的芳容加以遮掩。年老的浪蕩子不僅受到懲罰，根據修德羅・德・拉克羅（Choderlos de Laclos）在《危險關係》（Les Liaisons dangereuses）中的結局安排，他們還將靈魂攤在臉上。

儘管瑪麗-安托奈特的靈魂以及正牌放蕩女人的靈魂是兩碼事，但這事實並無助於扭轉她的既定形象。為了清楚說明她和《危險關係》女主人翁梅爾特伊（Merteuil）間的天差地別，為了解釋前者並不具備後者那種知性以及肉慾上的大膽開放，我要提醒各位，瑪麗-安托奈特最具有「縱情主義（libertaire）」色彩的舉措不過就是出帛看看日出（這也立即遭某本潑糞刊物盯上了）或者不顧她母皇的勸阻，固執要騎驢子閒逛……在瑪麗-安托奈特對上杜・巴利夫人的衝突中，不僅產生政治立場上的選邊站現象（路易十五的情婦屬於仇視奧國的反索瓦熱勒派，而瑪麗-安托奈特一直把索瓦熱勒視為盟友與支柱），而且也還牽涉到比較感情用事的面向（瑪麗-安托奈特重視自己的地位與家世背景，何況對方又僅僅是個「應召的」，更是徹底遭她蔑視。另外，她在道德方面也是較有概念、較有原則。）有次，人家稟告瑪麗-安托奈特，說隔天杜・巴利夫人請求會面，這竟教她極度擔憂起來。奧地利大使梅爾西-阿爾強托寫道：「前一天我

注意到她一直舉棋不定，我真有些焦急。我到王妃處去，她正望畢彌撒回來。她對我說：『我認真祈禱過。我說：天主！如果真要信女說話，那麼就令我開口吧；我將依照祢的啟發行事 xxxi！』於是天主就點醒她對杜·巴利夫人說出如下的話：『最近天氣不見好轉，白天恐怕沒有辦法出去散步』。可是這話說得不夠嚴肅認真，以致人家無法理解，那是對於杜·巴利夫人的委婉拒絕，因此一切必須重新來過。隔了幾天，她又對杜·巴利夫人說道：『今天凡爾賽宮人還真多，本宮走不開啊！』而這句話好像導火線被點燃似的迅速在朝臣間傳播開來。」（在宮廷中，國王或是王后說話，對於臣下而言，頂重要的經常不是語句內容，而是代表受話對象走運，受到那對夫婦眷顧榮寵。當然，臣下是不准主動先對他們說話的。因此，後來路易十六受審出庭之時，只能「回答」檢察官的問題，算是根本違反了臣下禁止主動先對國王說話的體統。這種改變顛覆朝儀中「臣下君上」的倫常，真令路易十六由衷驚訝起來。首度出庭之後，他向貼身男僕吐露：「朕從前壓根沒想過他們問的那些問題。」）瑪麗-安托奈特目睹她丈夫的祖父路易十五對杜·巴利夫人（私下被她稱為「騷貨」）那份熱情，想必心中交集好奇以及嫌惡，說不定還摻雜惶恐，害怕那個完全沈溺於肉慾的陌生世界。

　　應驗在浪蕩子身上所謂的現世報其實並沒有波及瑪麗-安托奈特，要硬說有，那也只出現在潑糞刊物中辛辣酣暢但荒

謬可笑的文字裡。史塔埃（Staël）夫人曾寫道：「從來沒有人像王后那樣，實際人格以及名聲相差如此遙遠，而那名聲都是她的敵人處心積慮營造出的。他們說謊甚至懶得管它逼不逼真，因為光是讀者的妒嫉心便能滿足毀謗者的期待 xxxii。」

這個結局比較不為人知

是否可能發生如下的事：她已料想到了，司法不會輕易饒她，比方剝奪她榮耀的身分就好，於是打算遠走高飛，把忍辱負重的責任交給一位替身，讓對方在宮中代替她撐下去（畢竟「項鍊事件」給她的教訓是：免不了有人會冒名頂替她的身分……）。自從長子病逝之後，瑪麗 - 安托奈特真正對於王后此一任務感到氣餒，於是決定嘗試其他角色。黎明時分，王后溜出凡爾賽宮，身上裹著一件旅行穿的大衣。她秘密加入路過的一個義大利戲班子，接著，幾個晚上之後，她首度面對了一個真正的表演廳。以前在特里亞農宮的私人劇場裡，她曾親自登台演出，不過觀眾只限自己的家人以及幾名無足輕重的小廝。如今，她得爭取一大群陌生群眾的掌聲，但逐漸地，她學會了。

她的過去已經隨風遠逝。她用義大利語交談並且夢想。某個秋日，她因巡迴演出來到一個溫泉療養小鎮，河水已經結冰，她聽人說，法蘭西王后已被送上斷頭台處決。她一面穿上喜劇女丑角的菱形格子狀戲服，一面想到自己可謂死裡

逃生，於是懷著滿心狂喜，蹦跳上了戲台。

被迫簡樸

　　新政府當局在坦普勒監獄裡，當著畫家大衛的面，訊問路易十六和瑪麗－安托奈特的長女瑪麗－泰瑞莎－夏洛特（Marie-Thérèse-Charlotte）[61]（時年十五）。人家問她，出逃到瓦雷納的旅途上，她的父母以及姑媽如何穿著？她回答道：「非常簡樸。」實際上是，在那次行動中，國王夫婦雖然想盡力維持簡樸的排場，但是象徵意義大過實質意義，因為他們終究無法將心一橫，割捨那四輪雙座且有篷蓋的豪華馬車。那種馬車寬敞舒適，可是無論如何也跑不快……國王「直截了當」化名杜杭（Durand），名義上是杜爾齊勒（Tourzel）夫人（王子以及公主們的教師）的男佣人，而夫人則易名為寇爾夫（Korff）男爵夫人……王后也只改稱侯歇（Rochet）夫人而已。他們一行人從瓦雷納被遣送回京之後，群眾由於無法為她起個庶人姓名，以致諷刺漫畫便將她描繪成一名悍婦。那些文宣一步一步，將人民的仇恨匯聚到她高傲蠻橫的姿態上，甚至集中在她抬頭挺胸、不屈不撓的身形上（今天我們仍可看見大衛為她畫的素描）。彷彿王后雖然少了花飾，被剝奪了華服以及珠寶，而且身形瘦削，面無人色，頭髮不

61.　1778～1851 年，出生時為法國的長公主（Madame Royale），是路易十六和王后瑪麗－安托奈特的長女，也是他們唯一在法國大革命中生存下來的孩子。

能高高梳起，仍然認同於某種嚴格的死板信念。她的身上儘管再無長物，但那堅定的信念仍然支撐得意的神態。

所以，想要殺殺安托奈特那傲氣的方法總是源源不絕。監獄正是任意刁難她的絕佳場所。下面這段插曲真可為「找麻煩」一詞下最好的註腳。路易十六的貼身男僕曾敘述：國王一家被囚禁在坦普勒監獄的時候，人家給他們送進上面繡有戴王冠之字母裝飾的床單，但是市政當局強迫公主要剪除王冠圖案的繡線。至於瑪麗－安托奈特，由於「她的衣飾每件都要繡上榮銜」（聶爾瓦語），她得親手拆掉自己往日顯赫榮光的最後那一點殘跡。

巴爾納夫的半身雕像

今天，我們可以在巴黎市的卡納瓦雷（Carnavalet）博物館中看到巴爾納夫的半身雕像。它再現一位流露革命熱情的國民議會議員，是既年輕又精力充沛的吉倫特派黨員（Girondin）[62]。他的領口寬寬敞開，袒露胸膛，那片迸射出雄辯家生命力的胸膛。這尊胸像象徵大革命的公眾領袖，乃

---

62. 有時稱「布里索黨」（Brissotins）或「長棍麵包黨」（Baguettes），是法國大革命時期立法會議和國民公會中的一個政治派別，主要代表當時信奉自由主義的法國工商業資產階級。吉倫特派的名字源於黨內三位領導人物的家鄉吉倫特省，但這個名字是 1847 年法國作家拉馬丁的暢銷書《吉倫特派史》（*Histoire des Girondins*）出版之後才開始流行起來的。在大革命當時，一般還是多以該黨靈魂人物布里索（Brissot）的名稱來為其命名，稱為「布里索黨」。

根據遠古偉人的胸像仿製而成。

　　另外一間完全不顯眼的陳列室裡則展示了一塊殘片，是繡花的絲綢布料，來自瑪麗－安托奈特所穿過的某件長袍。這是巴爾納夫的收藏品，在他死的時候，人家從他身上搜出來的。如何能將上述胸像與那戀物癖結合起來呢？巴爾納夫在他激情勃發、五內俱焚之時，應該同樣過不了難關吧⋯⋯

i　　Correspondance, Archives nationales, cote 440 AP.

ii　　Journal de Gouverneur Morris, traduction par E. Pariset, Paris, Plon, 1901, p. 6.

iii　　Norbert Élias, La Société de cour, Paris, Flammarion,1985, p. 97.

iv　　Journal de Gouverneur Morris, op. cit., p. 33.

v　　Lettres de la princesse Palatine（1672-1722）, Paris, Mercure de France, 1985, p.163.

vi　　Ibid., p. 165.

vii　　Marie-Antoinette. Correspondance secrète...,op.cit., t. II, p. 64.

viii　　Mme Campan, Mémoires sur la vie de Marie-Antoinette, Paris,
Nelson Édition, 1823, p. 85-86.

ix　　Ibid., p. 86.

x　　Mémoires de la baronne d' Oberkirch, Paris, Mercure de France, 1970, p. 302.

xi　　Arnaud Chaffanjon, L'Année princière dans le monde, Paris, Denoël, 1985, p. 25. Cité
dans la rubrique《Les hobbies du Gotha》.

xii　　追求簡樸可能會對國家的經濟造成嚴重後果。王后由於帶頭作用，引發了愛穿亞麻衣服的時尚風氣，結果里昂地區的絲織廠紛紛倒閉。

xiii　　十八世紀很流行將臉頰抹紅。

xiv　　Edmond et Jules de Goncourt, La Femme au dix-huitième siècle, Paris, Flammarion, 1982,
p. 257.

xv　　Marie-Antoinette. Correspondance secrète..., op. cit., t. II, p. 453.

xvi　　Ibid., p. 307.

xvii　　Mémoires inédits de Mme la comtesse de Genlis, Paris, Ladvocat, 1825, t. I, p. 224-225.

xviii　　Jules Michelet, Histoire de la Révolution française, Paris, Laffont, 1979, p:552.

xix　　Ibid., p. 552.

xx　　Hector Fleischmann, Les Pamphlets libertins contre Marie-Antoinette, Genève, Slatkine,
1976, p. 44.

xxi　　Le Petit Journal du Palais-Royal, no 6, p. 12.

xxii   *Marie-Antoinette. Correspondance secrète...*, op. cit., t. II, p. 265. C'est nous qui soulignons.

xxiii   *Ibid.*, t.II, p. 156.

xxiv   *Le Catéchisme libertin*, par Mlle de Théroigne（vers 1791）, p. 26.

xxv   *Essais historiques sur la vie de Marie-Antoinette d'Autriche, reine de France, pour servir à l'histoire de cette princesse*, Londres, 1789, p. 44.

xxvi   Mme Roland, *Mémoires*, Paris, Mercure de France, 1986, p. 280-281.

xxvii   *Ibid.*, p. 102.

xxviii   *Mémoires inédits de Mme la comtesse de Genlis*, op. cit., t. I, p. 291.

xxix   Louise Robert, *Les Crimes des reines de France depuis le commencement de la monarchie jusqu'à Marie-Antoinette*, publié sous le nom de L. Prudhomme, Bureau des révolutions de Paris, 1791, avant-propos, p. 1.

xxx   *Actes du Tribunal révolutionnaire*, recueillis et commentés par Gérard Walter, Paris, Mercure de France, 1968, p. 56.

xxxi   *Marie-Antoinette. Correspondance secrète...*, op. cit., t. I, p. 370.

xxxii   Mme de Staël, *Réflexions sur le procès de la reine*, publiées dans le mois d'août 1793, Paris, Mercure de France, 《Le petit Mercure》, 1996, p. 23.

母怪獸

我如何才能完成這本重要的著作呢？喔，潑婦啊，啟發
我吧……啊！你的精神起作用了，傳播開了，我感覺到，它
就存在於那令人激昂、教我振奮的狂喜中。

《關於瑪麗 - 安托奈特生平之歷史評論》

(*Essais historiques sur la vie de Marie-Antoinette*)

瑪麗 - 安托奈特慾望難以滿足

巴爾納夫登上了斷頭台，口袋深處藏著回憶，王后絲袍
的那殘片，好比有人會把情書帶進墓穴陪葬那樣。這件殘片
是個明證，揭露他的罪惡之愛，同時代表正要化為烏有的那
舊社會的襤褸，而他即是摧毀這舊社會的一位急先鋒。到了
下一世紀，艾德蒙和朱勒 · 得 · 龔古爾兩兄弟仍然在依戀
王后絲袍殘片的情愫中度其一生。他們尾隨在王后長裙的拖
裾之後生活、夢想並且寫作。他們浸潤在反動保守的懷舊精
神之中，鄙視當代人的中產階級思想，極崇拜王后的形象。
可是巴爾納夫的奇遇卻源於他和王后面對面的接觸。那時正
是王室成員出逃至瓦雷納、功虧一簣被押返巴黎時的事：「瑪
麗 - 安托奈特想和巴爾納夫對談，可是後者只是默不作聲，
或者僅以單音節詞應對。王后沒有堅持，但暗中對自己的吸
引力沾沾自喜。而事實上，國王一家上路之後，巴爾納夫便
一掃陰沈的態度。他重新坐回王后的身旁，何況這次直到巴
黎他都沒有改變位置。馬車停在城堡前面，瑪麗 - 安托奈特

以詼諧的語氣向他說道：『老實說吧，本宮根本沒料到我們會共享這十三個小時[i]。』」在這段敘述裡，傑拉爾‧瓦特儘管先前交待過，王后外貌已經憔悴衰老，但現在仍讓她扮演引誘者的角色。該趟驚悚回程明明攸關生死，明明已是一窩子階下囚，卻一味描寫王后的狐媚本色，彷彿參加郊遊回來那樣歡快！……巴爾納夫墜入情網。

從此以後，他的作為與先前的革命信念背道而馳，謹言慎行此一原則被他棄之如敝屣了，他敢冒險，放膽去愛。

在龔古爾兄弟這邊，情況正好反轉過來。他們景仰崇拜「女性世紀」（siècle de la femme）中王后這至尊代表，此舉使他們得以避開現實世界中活生生的女人。王后形象能讓他們兄弟相依為命、不要分離。這對兄弟如此情願一起成長，以致也擺脫不了一起變老的憧憬。在寂寥的光棍生活之中，他們重新再現王后她的禮袍清冊，仰賴的是童稚般的耐性，如此津津有味剪下紙質人形，並且為其貼上衣服。這些「風情聖物」（reliques coquettes）（兩兄弟自己的用語）能夠幫助他們忘卻「性」這個不堪忍受的現實。他們作品裡那重建的功夫與細膩之幻覺完全不論及王后的裸體，因為在他們的眼中，王后真是「正派的女性……無瑕的女性[ii]」。他們由於迷戀純潔，才為瑪麗-安托奈特編寫傳記，而這純潔恰恰和滋養潑糞刊物的猥褻趣味南轅北轍。對龔古爾兄弟而言，平民婦女才是邪惡象徵。「……一七九一年在夏特雷（Châtelet）

審判一件強姦案，法庭就擠滿許多沒什麼羞恥心的女人。在這些卑賤女人的心裡，羞恥感可以說已徹底死絕了，因為稍後她們被送去示眾時，人家不得不先綑綁她們的手，以免她們當眾撩起衣服；還有那些因犯殺人罪被判死刑的少女也是全然不顧羞恥。她們被押往斷頭台處決，途中竟還高唱淫穢歌曲*！」作者的政治傾向是革命派抑或保王黨，貞潔光環就會套向不同階級的人，彷彿若要證明哪種政治體制較為高級，那麼只須評比女德高低即可……

同一種鄙夷女性的心態，然而用來審視瑪麗 - 安托奈特之時，所得到的論點竟會大相逕庭。十八世紀時的潑糞刊物作者將其視為淫亂王后，彷彿印證了《淫蕩問答集》（*Caté-chisme libertin*）開宗明義第一條的基本真理：「問：是否所有女人天生傾向都是為娼做婊？答：女人哪個不是妓女，或者巴不得做妓女……」十九世紀時的衛道人士（尤其是龔古爾兄弟）將她捧成德性王后，經過對照，她強化了上述人士對現實世界女人的憎惡。眾所周知，朱勒・得・龔古爾為克服自己的性慾，好長一段時間都拒絕治療妓女傳染給他的梅毒。

龔古爾兄弟酷好描寫十八世紀的衣著打扮，文章裡面充滿流行時尚以及細節刻畫（例如「採用四千隻松鴉的羽毛」裝飾一件長袍），就像螢幕展示性感場面一樣。對於瑪麗 -

安托奈特而言，也許化妝打扮用意即在於此。然而我們已經看到，在攻訐王后的瀿糞刊物以及諷刺文宣或歌曲中，追求流行時尚不過就是她邪惡本性的一種映照。她打扮得花枝招展，據說只是內在不協調以及失衡的外顯跡象。揮霍無度正好是變態的貪婪癥候。王后經常入不敷出，這點洩露一項事實：御用的裁縫師只有一位，她是不滿足的。

瑪麗-安托奈特除被認為輕佻虛浮、酷愛無用的小玩意、沒頭沒腦，只會將自己打扮得像座花園之外，隨著她引發的民怨日益高漲，她又進一步被抹成淫邪荒唐、性慾熾旺的人，且這趨勢越來越發明顯。她因不知節制，所以已被貶出人界（有人甚至認為她還不如禽獸），或者使其染上超自然的色彩（她是巫婆、上帝之鞭、吸血女鬼，童話中的狠毒王后）。她的放縱行為不僅危害公民的健康以及國家的財政平衡，甚至殃及世界穩定。

反正，瑪麗-安托奈特就是大家義憤填膺所痛罵的禍源。這個異邦女子不過是哈布斯堡留在法國的人質，卻將失序行為以及日耳曼民族的粗鄙陋習引入法國宮廷。儘管當年她在跨進法國國界之際曾舉行過淨化儀式，她的玷污能力依然無可救藥，她的惡根太過頑強，以致瀿糞刊物才會不斷控訴瑪麗-安托奈特過分縱慾，強調她擅長以日耳曼的方式使壞。她的慾望如此猖狂，據說這正是她異邦人出身的標幟。《叫春的奧地利女人：又名王家淫亂派對》（*L'Autrichienne en goguettes ou l' Orgie royal*）一書即強調過：她之所以德行敗壞，全怪她是異邦女子。在潑糞文宣作者的筆下，於理姆斯（Reims）所舉行的加冕冊封典禮簡直鬧劇一場，非但教那路易十六抬不起頭，也羞辱了全體法國國民。誰應該對此負責呢？當然是王后了。而這個墮落的女人竟然膽敢自詡：「我灌下很多酒，換句話說，做了個踏實的、了不起的日耳曼人。酒液令我渾身發燙，我披頭散髮在小樹林裡狂奔，好像酒神女信徒般豁出去了；每個人都學起我的樣子[iv]。」

彷彿真人真事般的鮮活例子。王后不斷授人話柄，成了變態亂性的人，彷彿就連最起碼的羞恥心都付之闕如，只是依循淫蕩本性行事，而且意念所及立刻行動，就算加冕期間亦無妨礙。瑪麗 - 安托奈特無法抗拒小森林的召喚。無論身處公開儀式或是私人場合，不管白晝或是夜間，全然臣服於那「腹中最狂亂的力量」，哪處花壇園圃見不到她的身影呢？她可謂是法式花園中的上帝之鞭阿提拉（Attila）[63]啊！王后酒醉之後淫行狼狽，簡直要教設計凡爾賽宮花園的勒・諾特賀（Le Nôtre）從墳坑裡驚坐起來了。「她在小森林裡狂奔，好像瘋女或是酒神巴卡斯的信徒；大家爭相模仿她的行徑；只要一聲令下，她的那些心腹就把燈火熄滅。眾人漫無目標

---

63. 406～453 年，古代歐亞大陸匈奴人最為人知的領袖，史學家稱之為「上帝之鞭」，曾多次率領大軍入侵東羅馬帝國及西羅馬帝國，並對兩國構成極大的威脅。西元 452 年他率軍攻陷當時西羅馬帝國的首都拉文納，趕走了皇帝瓦倫丁尼安三世，使西羅馬帝國名存實亡。

遊蕩。有時出現一個投機男子，一把抱住這地位顯赫的浪女，但她通常不知道那膽大妄為的人是誰，只能任由他去[v]。」這些描繪十分寫實，王后和那最下等的阻街女人沒有兩樣，她的形象竟和「千人騎萬人壓、公然在十字路口幫人打手槍、夜裡當街拉客的[vi]」流鶯重疊了……不過，民眾想像力再如何天馬行空也就在此打住，她畢竟是王后。窮女人不得已才會下海賣淫，而她則是天性邪惡才過娼妓般的生活。

在潑糞刊物中，瑪麗-安托奈特情慾語言的風格是粗糙無修飾的。她毫不避諱宣稱道：「我最喜歡一見鍾情的愛。只要看見俊美男人或者漂亮女子，我的眼睛便亮起來，我的面容熠熠生輝，欣喜之情完全表露無遺，經常差點就按捺不住猛烈的慾望，而且這些覬覦對象由於我的言語挑逗外加姿態誘人，沒有哪一個逃得過我的關愛[vii]……」就瑪麗-安托奈特的例子來講，民眾恨她，但同時又將她拉進性幻想中，而且不因說詞矛盾而感困窘。罵她囂張高調的人同樣怪她城府極深，怪她操弄「陰柔的」影響力，怪她的洛可可品味以及她那走極端的唯美是圖（甚至可說，「絕對主義」〔suprématisme〕此一美學名詞尚未創造出來之前，她的品味已經儼然具有此種傾向：她曾下令在特里亞農宮建造一間大理石的乳品作坊，彷彿具體預告二十世紀初俄國馬列維奇〔Malevitch〕的作品《白上之白》〔*Carré blanc sur fond blanc*〕；她不妨把這位俄國藝術家的名言據為己有：「我倘

伴在白色之中⋯⋯」）。這個好矯飾的、衣著梳妝講究到足令國家覆亡的女人，頂著誇張髮型又熱愛珠寶的女人，彷彿同時也像粗野軍人那般遲鈍愚昧，酷嗜殺人以及交媾，凡是得著手的一律加以姦淫。她將一套玩弄到出神入化的偽善伎倆引進凡爾賽宮（且有平素對她忠心耿耿的維爾蒙修道院長助紂為虐，此人也是她的太傅兼其聽懺神父），而且伴隨而至的尚有異邦軍隊的習氣，在被它征服的國家裡耀武揚威的習氣。凡此種種教人不寒而慄！

有個負面傳說披露：瑪麗-安托奈特被一名日耳曼士兵奪去貞操。還有另外一個版本稍微高級一點，是她親哥哥約瑟夫二世皇帝幹的好事：「皇上的屌捅進奧地利的陰戶，並於其中積累多少亂倫貪欲、多少醜齪淫趣、多少對法蘭西人的憎恨、多少對配偶以及母親義務的嫌惡，總而言之，便是將那人性貶低到野獸的水準 [viii]。」雖然瑪麗-安托奈特被她兄長破瓜的這傳言純屬虛構，不過我們倒是確切知道：要不是約瑟夫二世出面勸告路易十六動手術解決包莖（包皮前端開口過窄，導致龜頭無法輕易脫出）所引起的性功能障礙，那麼瑪麗-安托奈特可能永遠休想生兒育女。因此，「王上的屌」終能捅進「奧地利的陰戶」可都是大舅子的用心奏效了。不過，約瑟夫二世和妹妹分隔七年之後重逢，竟然這樣宣揚他的喜悅：「他又補充說道，如果瑪麗-安托奈特不是自己的親妹妹，而且又能與她結合，那麼既有佳侶相伴，對

於再婚一事，他絕不會猶豫不決 [ix]……」

　　文宣善以不同方式數落王后種種劣蹟，包括許多淫穢版畫以及猥褻到不堪卒讀的潑糞刊物。身為奧地利人（也就是說愛犯亂倫逆行）而且嗜酒如命、猥褻下流、獸性勃勃，王后洋洋灑灑幹出一連串駭人的荒淫行為。大家若要想像惡之本質，那麼她必是不可錯過的傳奇人物。在她身上自然而然堆累不少刻板印象，包括王政諸多危害以及女人實為百惡之源（聖經教誨加上啟蒙主義批判分析），上述的種種想像便更具說服力了。瑪麗-安托奈特這一位不斷惹人非議並被打成負面樣板的人物，透過她這形象，潑糞刊物的作家便以偏概全譴責宮廷貴婦圈的習性。婊子王后帶頭示範，宮廷自然變成妓院。宮廷網羅人才應該嚴加挑選，照理都是王國中的頂層菁英，哪裡知道只像一間低級酒館罷了。潑糞刊物可以解讀成某種心聲的表露，也就是顛覆傳統既定價值之心聲。這些作品正好和拉法葉特夫人在《克蕾芙公主》（*La Princesse de Clèves*）（一六七八年）中所描繪的菁英圈子相反，那個亨利二世統治下的鼎盛王朝。「當年宮廷多少女士出奇標緻，多少男士體格健壯勻稱，史上可有哪個時代足以與之相提並論？彷彿造物主祂興致勃勃，將最好的條件賦予那些公主以及王子……下面我提到的這些人物，他們各自以不同的優點成為當代的榮耀以及世人欽佩的對象 [x]。」恰好相反，潑糞刊物提及的那些人，尤其「女人」，都是他們那時代的恥辱。

至於那葛拉蒙（Grammont）公爵夫人（索瓦熱勒公爵的親姊妹，據說兩人搞起亂倫情愛），潑糞刊物是如此形容的：「這是一位朝廷命婦，且又符合該身分所有的特質，也就是說，武斷、恬不知恥、淫蕩下流，認為只有升斗小民才須講究品性道德 xi。」一般認為，路易十五宮廷中的習氣到了路易十六依然半斤八兩，這都該歸咎於後者那姿色出眾的妻子。潑糞刊物《風雅貴婦之檔案夾》（*Le Portefeuille d'un talon rouge*）勾勒出與瑪麗-安托奈特親近之幾位貴婦的形象，其共同特點是：一概不配成為沙龍小說（roman pré-cieux）中的人物。「說到這夏提雍（Châtillon）公爵夫人……各位看見沒有，她的眼睛老喜歡盯著貴族青年短褲的鈕扣部位……為逞床第之樂，她每年要花上四萬法郎。還有那芙樂希（Fleury）伯爵夫人……根據傳聞，自從隱退之後，她便深深愛上一個叫侯固爾（Raucourt）的女戲子 xii。」另外一本潑糞刊物又更刻毒，同樣嚴厲抨擊了凡爾賽宮的女眾。她們被貶抑成「婊子、搞蕾絲邊、要麼好賭成性、要麼招搖撞騙，整體看來，可謂歐洲最糟糕的一丘之貉 xiii。」小冊作者相信如下原則：「地位高低與本性貴賤成反比」，所以后妃公主的品性必定是最低劣的：普羅旺斯伯爵夫人（也就是路易十六的弟媳）「酷嗜醇酒、男人、女人、花園、家具、財富，為了滿足那五花八門的嗜好，花再多錢也無所謂，就算國王咒罵，丈夫生氣、部長拒絕買單，同時掀起革命波瀾，三級會

議因之提出改革方案，這些她都一概視而不見。她只想稱心如意過日子，現在將來沒有兩樣 xiv。」

潑糞文宣談到女人鋪張享受、招搖得意就會狂怒至極，這是男性傲骨所無法耐受的。凡爾賽宮的蕩婦群以奧地利的「大隻母老虎」（l'architigresse）馬首是瞻，在作惡的本事上面卻無高低等級之分。朝儀所規定的角色分際由於她們那洶洶的慾望而致混亂。只要她們在場，聚會縱使清白開場也將淪為雜交派對。她們出現之後，原先秩序以及體統風行之處瞬間便有醜戲上演，只剩傷風敗俗的壞榜樣，同時危及男性剛氣以及女子淑德，導致性別混淆錯亂，造成各方面的腐蝕墮落。王后一手導演全部，不但愛好荒淫縱樂而且蠻橫專制。她的慾望始終無法滿足，甚至忘了自己對出身門第固有的偏見：「不管貴族、教士、庶民都有權利獲得貴婦青睞，長相最俊美的以及體格最健壯的自然最受歡迎。至於那些只配受人差遣的小廝啦、只配當守衛的或是小丑的啦，才真羞得無地自容，真是永遠不得翻身的恥辱啊 xv！」她將所有階級混同起來，但並非表示她要實質恢復他們的尊嚴。

王后喜新厭舊並非僅因心血來潮而已，還攸關需求能否滿足的問題。瑪麗-安托奈特需要經常更換伴侶，因為沒有哪個男人能支撐得夠久。他們一個接著一個被她榨乾吸盡：「這齣男歡女愛的戲一成不變，我已對它感到厭倦，我裝出拒人於千里外的冷漠態度，並且盤算如何找個新人，代替精

疲力盡的費爾森（Fersen）[xvi]。」任何男子若是讀到凡爾賽宮那個吸血女魔頭的彪炳偉業，可能會將自己投射到「精疲力盡的費爾森」這一說法上。男人失寵後的驚懼看在她的眼裡多麼愜意，這也徹底改變唐璜傳奇中女性被玩弄的場景。在唐璜的傳奇中，始亂終棄的受害者只可能是女人，因此，如今男性竟被玩弄，明顯很能教人驚恐。瑪麗-安托奈特單獨一人便可代表舊政權那有如不死七頭蛇妖的惡勢力，因為她具體代表了「被閹割恐懼」此一幽微的心理，所以才會成為一個堅實神話、一個揮不去的意象。她那一頭金色鬈曲細髮，她豢養的幾群綿羊，還有白大理石建造成的乳品作坊，這些無用的玩意兒，表面似乎單純無害沒有威脅，實則為了方便將你推入奪命陷阱，那位於她兩腿間的陷阱。王后威勢對於國王發生負面作用之後，接著又閹掉王國所有正常健康的男性。只要瑪麗-安托奈特某次心血來潮，或是興起什麼荒淫的怪念頭，那麼宮廷貴婦這群惡魔大軍就像蝗蟲鋪天蓋地迎面撲來，毫不留情毀滅高盧式的糾糾雄氣。

直搗凡爾賽宮，將那王后揪出來的竟是另外一群女性，和宮廷名媛天差地別的市井婦人（在那種場合裡，由於又餓又累，加上飲酒過量，有些人的舉止活像酒神狂亂的女信徒，但這也無損於她們那符合美德標準的形象）。一七八九年十月六日，在民眾辱罵聲及恐嚇聲的伴隨下，王室成員從凡爾賽宮被押往巴黎，這和當年瑪麗-安托奈特風光體面進

城的那場面完全相反。如今這趟悔罪路程竟以她的惡行紀錄測量遠近:「要是把捅過我這騷屄的粗屌連接起來,那麼長度等於從巴黎到凡爾賽的距離 [xvii]」,這是《愛國妓院》(*Bordel patriotique*)一書作者放進王后嘴裡的話。根據這套性狂熱的邏輯,瑪麗 - 安托奈特應和羅馬皇帝赫利歐伽巴勒(Héliogabale)[64] 類似,進入京城之時,都有巨大陽具模型做為前導。

「無能君權」(Le nul potentat)

輿論無法輕鬆看待路易十六之妻的放蕩相,因為她的行徑踐踏了被女德奉為圭臬的羞恥心,因為她的行徑背棄了傳宗接代的天職。此外,國王戴綠帽的滑稽傳言也揖及王國所有男性的尊嚴。

瑪麗 - 安托奈特性慾無比熾旺,背後含義即為國王無能。瑪麗 - 安托奈特由於丈夫陽痿,所以淪為淫蕩配偶。這種醜事如果涉及人性的共同面就會引人發噱,就配做為喜劇主題。然而,如果當事人是國王夫婦,恐怕就沒那麼好笑,因為這代表法蘭西王國必有什麼腐敗墮落的事。瑪麗 - 安托奈

---

64. 約 203 ~ 222 年,羅馬帝國皇帝,218 - 222 年在位。他是羅馬帝國建立以來,第一位出身帝國東方敘利亞的皇帝。赫利歐伽巴勒即位後,大力提倡他個人所信仰的太陽神崇拜,並將帝國東方華靡奢侈的宮廷習氣引進羅馬。年輕的皇帝無心治國,引發臣民強烈的不滿。222 年,在他外祖母尤利亞 · 瑪伊莎(Julia Maesa)所策劃的一場陰謀中,赫利歐伽巴勒遭人暗殺身亡。

特夜夜春宵導致體力不支，配上「莊嚴高貴但不舉的丈夫」，不論從保王黨或是革命黨的角度來看一律無法忍受。潑糞刊物每每喜歡拿這對夫妻婚後前八年的性生活一再借題發揮，鋪陳「王后年輕矯健，丈夫地位崇高莊嚴，然而性事方面欲振乏力」這段秘辛……並且寫出《路易十六之妻，瑪麗－安托奈特五內慾火熊熊》（*Les Fureurs utérines de Marie-Antoinette, femme de Louis XVI...*）。此書開宗明義即點明了窘況：「陛下硬不起來，就算伊人猛送秋波，同時祭出五指姑娘也是無濟於事 [xviii]……」

王后紅杏出牆並不講求手段精巧。《叫春的奧地利女人》（*L'Autrichienne en goguettes*）即描述這場面：王后和國王的弟弟阿爾托瓦侯爵通姦亂倫，索性壓在因製鎖疲累、呼呼大睡的國王身上。國王無法洞察姦情，而且嗜酒如命。國王雄風不振、頭頂綠帽，在那民間傳說的邏輯中，他還必然是個醉鬼。王后在寫給她情夫侯安樞機主教的一封信中提到過，在凡爾賽宮金碧輝煌的天花板下，開展不足為外人道也的淒慘景象：「王后接著提到，自己陪同國王一起度過多少悲涼夜晚，字裡行間充滿輕蔑以及憎惡。她特別數落了酒的種種不是……」

其實，國王根本不必呼呼大睡或是爛醉如泥才有姦情產生，有時意識清醒之際亦有雜交淫事在他身畔上演，教他成為大眾笑柄。《嘉布遣會修士的搖呀搖》（*Le Branle des capu-*

cins）這本潑糞刊物裡面，路易十六只會「癱坐在他那專屬套間中央的扶手椅裡」。他的身邊手牽手圍成一圈的盡是荒淫享樂的人，包括王后、玻里涅亞克夫人和嘉布遣會多名修士，盡情唱著愚蠢歌曲。他被人描繪成「傻瓜丈夫」、「糊塗國王」、「長角國王」、「無能君主」……娶來奧地利的「無上賤女」（archisalope），風險可真不小。這個淫婦有能耐教法蘭西歷代國王傳為美談的獵豔本事毀於一旦。國王養個情婦，這項絕佳主題多麼引人遐思！法國人頂喜歡路易十四那種專制不講理的求愛手段：要是哪個朝臣膽敢覬覦國王他的禁臠，那麼直接判他流放之刑即可。路易十五有座雄鹿公園，在那處形同精彩後宮的溫柔鄉中，專門有人為他領來處女，供其破瓜逞慾。那真是王室通姦享樂的天堂，又是當年成群紈絝滿懷熱忱共同創設起的絕妙場所！說到路易十六，難道曾經肆無忌憚豎立起來什麼性愛的耀眼里程碑嗎？沒有，根本沒有。不曾犯過淫亂之罪，甚至不曾起心動念，以致需找神父懺悔。這個王權「古井無波」，正如同雷翁・布洛瓦（Léon Bloy）尖刻批評過的：「路易十六不養情婦，若要記他一點什麼，也就只剩這個 [xix]。」

瑪麗 - 泰瑞莎乾焦急

奧地利的瑪麗 - 泰瑞莎既是波希米亞兼匈牙利的女王，又是神聖羅馬帝國女皇，生平捍衛君權神授理論，從骨子裡

仇視法國啟蒙哲學以及百科全書作者。女皇為了成就政治目的，不惜運用一切手段，同時擁有豐饒生殖力的軀體。對她而言，生兒育女在本質上便是一種政治義務。因此，這位國家元首一口氣生了十六個子女（其中十個存活下來），因此，女婿路易十六在房事上態度消極令她很不耐煩（路易十六新婚後的那幾年倒是經常和王后同眠共寢，只是才一上床倒頭便睡，甚至沒向她說句話）。瑪麗 - 泰瑞莎與駐法大使的來往書信中可以清楚讀到：她的疑惑與日俱增，起先只對太子女婿他的「畏縮」感到驚訝，後來就直接指責他性無能了。

一七七〇年十月：「太子他的情況可真教人氣結！我就要我女兒務必沈得住氣，畢竟為時未晚，只要對她丈夫加倍濃情蜜意就是。」

一七七三年十月：「坦白說吧，此時此刻我恨不得見她懷孕。我實在無法相信不孕的事該歸咎於她，是太子那邊出了問題吧！」

一七七四年一月：「太子正值二十歲的盛年，面對花玉似的嬌妻竟然如此冷淡，真是教人百思不得其解。儘管醫學院已背書擔保，這王子的身體構造依然難以信任，本宮對他的疑心日漸增強。如今本宮只能指望皇帝出面斡旋。等他抵達凡爾賽宮，也許能找法子約束約束他這位怠惰懶散的妹婿，敦促他善盡配偶的義務。」

在同一年，她甚至期待潑糞刊物能放肆一些，批評路易

十六性無能的文字能激刺他的自尊心！一七七八年，瑪麗-安托奈特生下長女，瑪麗-泰瑞莎自忖道：「是不是還要等上另一個八年才能盼到第二胎呢」！

康彭大人與人為善，只把國王長時期的性事隱疾說成時運不濟。

那些敵視王后、心腸不像康彭夫人那麼好的作者始終咬定：瑪麗-安托奈特在這件事情上就和其他事情一樣，必須完全承擔責任。她必定是竭盡全力拖延，拒不履行做妻子的義務，直到她的哥哥前來訓她一頓，狀況方才有所改善。貝爾納‧法依（Bernard Fay）斬釘截鐵評論道：「輿論指責王后態度高傲而且揮霍無度。她的舞會漸漸沒人參加，於是把氣出在自己丈夫頭上，不但拒絕與他行房，且還造成國王性無能的傳言[xx]。」

性挫敗與朝儀隳墮

除了生理層次以外，也有人將朝廷禮儀廢弛以及國王的性挫敗聯想起來。衛道人士嚴格捍衛朝儀，因為在其眼中，無論如何，儀式程序不准變更，禮節套語應該照本宣科，位階高下必須嚴守分際。所謂那「輝煌世紀」的精神同樣可以在聖-西蒙（Saint-Simon）的世界觀以及薩德的情色文學裡窺見端倪。薩德用的語言如此高貴穩定、歷久彌新，看不到任何出人意表的例外。法文文法規則複雜，但在聖-西蒙和

薩德筆下不但絲毫不出差錯，而且還被用得出神入化。個人行為準則也和法文文法裡的固定規矩一樣，全然沒有餘地讓人即興發揮，無論享樂時或者服喪時都是。

　　薩德名著《所多瑪一百二十天》（*Les Cent Vingt Journées de Sodome*）（寫成於一七八五年，但遲至一九三一年方才出版）裡的席令（Silling）城堡當中，所有怪異的性行為都依照嚴格的規矩進行，無論如何不准踰越。荒淫行為和性高潮精準構成肉慾歡樂裡的進程，形式縝密嚴格與那王室儀禮不相上下，都以預期程序開展，因此不須向任何人（尤其對性伴侶）證明什麼，也不發生所謂的性挫敗（fiasco sexuel）（「性挫敗」、「遭社會排擠的作家」〔écrivain maudit〕、「書寫與瘋狂之關連」等觀念都是十九世紀的產物）。

　　法國末代國王（他的死亡標幟舊政權的落幕）同時也是無法確保子孫昌繁的人，這事並非偶然巧合。路易十六經常藉故逃開王室儀禮所規定的奢華場合，排拒許多常態性的安排，欲將國王神格化的安排。這些安排都是早年路易十四發揮精彩創意想出來的。路易十六和他祖先恰好相反，對於王位始終沒有興趣，所以也就無法高高在上、泰然自若執行絕對必要之傳宗接代的義務。

　　不過，國王也沒低估儀節問題的重要性。在如下這則軼聞中，他甚至掌握一定程度的輕重分寸。這個棘手事件關係

到艾翁（Éon）騎士的性別爭議，而被國王暗中派去倫敦調查的人正是劇作家鮑瑪榭（Beaumarchais）。當年艾翁的性別問題被炒得沸沸揚揚。到底當事人男騎士（抑或女騎士呢？）的性別為何竟成為押注對象，而且賭金已累積到很可觀的數目。鮑瑪榭本人毫不遲疑便賭對方是個女兒身。他的論點：「大家都告訴我，那一個瘋女人對我興致勃勃。」因此，艾翁騎士就以女人身分獲得返法許可。這事引發幾個問題，當年鮑瑪榭已在法律上被剝奪公民權，針對上述幾個問題，他與路易十六直接在書信中進行討論：

「本人於一七七五年十二月十三日啟程前往倫敦，在此之前，我請紲爾珍納（Vergennes）侯爵能將如下重點呈報陛下定奪。陛下裁示如下：

－陛下是否准許艾翁姑娘於其女裝之上配戴聖路易十字架？

－國王裁示（筆跡有些顫抖）：只准她在巴黎以外地區為之。

－先前臣下支付二千銀幣以供那位姑娘治裝，陛下是否追認該筆開銷？

－國王裁示：同意。

－如果這樣，艾翁姑娘是否可以任意處置先前所擁有的男裝？

- 國王裁示：必須賣掉那些男裝。

- 由於上述聖恩必以艾翁姑娘某種心理傾向做為前提，臣下希望要求艾翁姑娘始終維持那種傾向。因此陛下是否同意仍由臣下做主，端視對於陛下有利與否，同意或是拒絕艾翁姑娘所請。

- 國王裁示：同意 [xxi]。」

鎖匠國王

路易十六對於手藝活兒，特別是製鎖的技術，一向興味盎然，這是人盡皆知的事。這令瑪麗-安托奈特怒不可遏，又在貴族以及平民之間傳為笑柄。「既然他是個好鎖匠，那麼為了法蘭西的安寧，為了保住他自己的顏面，為什麼不乾脆打造一門掛鎖，鎖住他那不忠實的另一半呢？」（《國家之鞭》〔*Le Fouet national*〕，一七八九年九月號）。

路易十六從來不曾放棄這項嗜好，就算局勢動盪，搬進杜樂利宮住的時候也都一樣。有天早上，他對王后說道：「我做了一個夢，場景在另一個世紀，那裡的門以同一種方式開關……」他沒再說下去，因為沒有人聽，連僕役也懶得搭理。

蕾絲邊搞陰謀

王后揮霍無度、放蕩不羈，她將法國宮廷變成一座妓院，又令國王戴上一頂壯觀的綠帽子，種種罪過已是令人髮指。

但這樣還沒完。另外還須加上一筆醜聞：瑪麗‐安托奈特搞同性戀。她教男人精疲力盡，但並不愛他們，因為她只對同性感興趣。這令她的形象更形惡化：以前只是男女關係不成體統，教人聽了頂多打個寒顫，如今這碼子事卻誘發嫌惡和作嘔之感。有位女士顯然對於這種淫行極為驚駭，我們就讓她來控訴（或者詰問）王后：「瑪麗‐安托奈特，你的地位高於天下女人，竟會以此荒唐行為令法蘭西宮廷蒙羞？這種勾當如此罕見……走筆至此，我真是詞窮了。安托奈特！你那一雙罪惡的手竊奪國家財富，用來敗壞、勾引那些沒頭腦的可悲女人。你毒害腐蝕了她們的心，又踐踏明禮知恥的美德，而這美德難道不是女人最緊要的依恃？你令她們墮入極卑賤的禽獸境地。你說，這世界上能有哪一個人，骯髒齷齪到了聽見你的名字卻不渾身打起哆嗦的呢 xxii？」

路易十六時代，凡爾賽宮最不堪聞問的醜事竟是王后包養情婦。（那個時代雖說流行「只要我喜歡有什麼不可以」的人生哲理，怎料瑪麗‐安托奈特心之所嚮卻是同性戀的情慾。）據說，她從母親那邊承繼蕾絲邊的嗜好，於是僅僅將男人視為次要的洩慾玩物：「王后向朗巴勒公爵夫人宣稱：『要是哪天男人遺棄我們，也不需要別人憐憫，因為我們找得到人取代他們 xxiii。』」

瑪麗‐安托奈特出於淫慾以及政治目的而將男人玩弄於股掌間。《歷史評論》（Essais historiques）將她說成「心思

受到兩股力量交替影響：對於女人的情慾以及生兒育女的衝動」。在她的影響下，「女人幫」（*secte anandrine*）對法國發號施令，並且導致自己久婚不孕。「朝廷上下很快有樣學樣，／每個女人同時兼做蕾絲邊與娼妓，／沒人要生小孩。這倒顯得便利，／淫蕩手指取代男人的屌 [xxiv]。」等到王后基於政治考量，決定生兒育女之時，坊間即曾謠傳，由於她那種性癖好違反自然，所以導致「子宮下垂或是鬆弛」，分娩將有困難⋯⋯

有位潑糞刊物作者曾把凡爾賽宮稱為「險女淵藪」。那是擔心同性情愛會在凡爾賽宮猖獗起來，而這恐懼其實源自政治上的憂心。一七七〇年，瑪麗-安托奈特嫁到法國之時，歐洲已有兩大強盛帝國係由女人掌權：俄羅斯的凱撒琳二世以及奧地利的瑪麗-泰瑞莎。萬一瑪麗-安托奈特又在政治權謀方面展露才華，同時又對政府事務具有高度興趣，萬一她以強勢王后那種身段示人，那麼女人將在國際關係的均勢上發揮決定性的作用。「蕾絲邊陰謀論」背後隱藏男人們的憂懼，亦即擔心自己政治權柄不保。

王后的眾情婦

多本潑糞刊物都提及王后情婦的名字：畢基尼（Picquigny）、聖-梅葛杭（Saint-Maigrin）、科塞（Cossé），「精力充沛又好色的蓋曼奈（Guéméné）」⋯⋯好幾本小冊

子的書名同為《奧地利女人瑪麗 - 安托奈特之遺囑》（*Testaments de Marie-Antoinette d'Autriche*），其中便有一本寫道：「我遺贈給歐莉瓦、索布侯茲、阿爾固爾、弗侯孟維勒、茱麗、波奈蒙（等等、等等、等等、等等、等等、等等）姑娘們每人一萬鎊白銀，因為她們女代男職，盡心伺候本宮。」至於《卡貝孀婦瑪麗 - 安托奈特之遺囑》中，王后最後遺物（兩只黃金戒指以及一綹髮絲）則遺贈給一名女子。

　　瑪麗 - 安托奈特征服過的女人不計其數。這點不禁教我們想起登徒子唐璜，還有被他引騙到手，最後再遭他遺棄的眾多女人。僕役勒波雷羅（Leporello）即用義大利語唱出：「一千零三個呀！」貴族只管稱心地玩，手下會幫他們記錄戰績。這種分工合作在似是而非的同謀關係之中完成：一邊先是僕役不存指望、樂於助人，一邊則是主人若無其事、玩世不恭。十八世紀文化酷嗜變裝打扮的戲劇性，主僕易位的遊戲中，主人當然始終有利，畢竟過程都由後者操縱。然而情況有時也會反轉過來，出現了嘲笑愚弄主人的僕役。如此一來，那些戰績名單就會編成首首歌曲，淹沒在眾人的爆笑聲中。然而，潑糞刊物裡提供的名單絕對不是這種性質，絕對不帶嬉鬧色彩。一七九二年《王后行淫對象一覽表》（*Liste de toutes les personnes avec lesquelles la reine a eu des relations de débauche*）中呈現的，不妨說它是偷窺者意淫式的興奮，一種偏執的注意力。那名單的本意在於譴責控訴。他們怪罪這

位荒淫王后成千上萬次的通姦行為，這種制裁可是非常嚴肅認真。她的敗行如此昭著，她的懲罰也須具代表性！

淫婦玻里涅亞克

　　從一七七七年開始，玻里涅亞克夫人即成為和王后形影不離的密友以及心腹。她排擠了朗巴勒公爵夫人的優勢，這位先前被王后拔擢為宮內府的總管。嘉布里耶勒 - 約蘭德 - 瑪爾丁 · 得 · 玻里涅亞克（Gabrielle-Yolande-Martine de Polignac）甚至離開凡爾賽宮之後，無可爭議，仍是最得王后寵愛的人。為使她的地位更加鞏固，太子出生之後，王后即任命她出任其子女的太傅。王后以及玻里涅亞克的熱烈友誼成為潑糞文宣作者最喜愛的一項主題：「這種熱情史上幾乎無人能出其右，用情之深以及種種蠢行，只有路易十五對於蓬巴杜夫人的戀情差可比擬。玻里涅亞克公爵夫人和前者一樣，都令國家耗費鉅資 xxv。」瑪麗 - 安托奈特以及外號叫「拉 · 朱勒」（la Jules）的公爵夫人共同象徵女同性戀終於出人頭地了。她們湊成真教人厭棄的一對，肩並肩在敗德的道路上酣暢前奔，不分白晝黑夜，只是縱慾狂歡。她們只有一個心願：做惡使壞，而且她們掌握了達成目標的一切手段。

　　輿論攻擊玻里涅亞克的火力不亞於攻擊王后的火力。此外，前者還代表了作惡卻逍遙法外的典型人物。法國大革命未教她為自己的罪孽付出代價。朗巴勒公爵夫人的下場相對

淒慘多了；她被屠戮之後，生殖器官竟遭利刃割下。梅爾西耶（Mercier）震驚之餘描述：有個男子開起玩笑，把那器官掛在唇上權充鬍鬚。總之，玻里涅亞克代表了罪惡無條件的勝利。

她是首批離開凡爾賽宮人士中的一位（瑪麗-安托奈特寫信給她，筆調不帶積怨：「不管去到哪裡，至少你能耳根清淨，不必每天議論這些紛擾的事。」一七八九年四月九日）。儘管她已遠赴羅馬避難，潑糞刊物依舊拿她大作文章，將她抹成慕雄狂、大花痴，如今專找神職人員解飢止渴。她沒辦法壓抑色慾，不斷試探教會從上到下各層級的人員：「色迷迷的愛撫遍及她的胴體，她因極度興奮昏死過去……在這一場毫無節制的情愛遊戲中，她昏死六十次，每次甦活過來就為再度暈厥[xxvi]。」

玻里涅亞克這隻罪惡的火鳳凰在永恆之城羅馬享受夜夜春宵，而在巴黎，道德統治已然展開……

道具

凡爾賽宮的蕾絲邊都曉得用道具和裝置來助興。玻里涅亞克公爵夫人宣稱道：「如果我有心和眾神比個高下，那我的長處是：能讓整個宇宙都為我的色慾服務[xxvii]。」人類力有未逮之處，她就利用道具補足：

－鏡子，能複製「顛鸞倒鳳時各種姿態的精妙處」，並且如實反映她那不害臊的媚態。「誰都知道，連老虎都珍惜隱私，隨時往暗處躲，唯獨這個淫婦要把她的猥褻行為當成表演，把人家遮掩都來不及的場面橫加賣弄 xxviii。」

－自慰棒，王后以及她的閨中密友經常使用。直到她被關進死牢，獄卒還目睹如下驚人的場面：「朗巴勒公爵夫人伸出右手翻弄自己的騷屄，那經常汩汩流淌淫液的花徑。她的左手很有節奏、很知技巧拍打著王后的屁股……獄卒都看到朗巴勒公爵夫人從口袋掏出一支爽爽棒，直接插進那處教我們男人心蕩神馳的部位。這個道具以一條寬幅的緞帶繫在腰部，襯托出腰部的雅緻輪廓。緞帶在腰背處還裝飾有一個玫瑰花結。肉紅色的鮮明緞帶以及她的雪白肌膚構成了令人讚嘆的對比 xxix。」

－一七八九年面世的《王家宮殿小報》（*Petit Journal du Palais-Royal*）闢有「家具以及雜物轉讓」一欄。光看品項介紹就很有趣：「一張華麗沙發，以前被淫婦玻里涅亞克用來逞其不可告人之慾，附帶一張飾以黑緞的床，是王后密室淘汰報廢出來的物件，誠徵買家」，或是「一尊精緻銅像，造形匠心獨具，能教觀者打從心底發出讚嘆。銅像具有女人的頭、希臘神話那哈爾比亞怪鳥之身、母貓的屄、老鷹的爪、豬的尾巴；大家注意到了，女人頭的五官線條和當今法蘭西最具權勢那女人的五官線條神似」，等等。

這份小報另有一些短訊，其中發揮的想像力幾近強迫症性質的頑念。例如，我們從中獲知：「約瑟夫二世這皇帝，也就是王后的兄長，由於數年以來流竄在他血管中的毒藥發揮效用，令他日漸消瘦。皇帝下令，只要有人醫好他的沈痾，令教他窒息的壞血變得潔淨，便能獲得金山銀山般的財富。他那個地位顯赫的妹妹答應了他……」或是「有隻極漂亮的紅棕色小松鼠（那是王后最心愛的寵物）從杜樂利宮花園的草坪上消失得無影無蹤。先前，王后由於擔心將牠關在宮中會悶死牠，才經常放牠到戶外透氣。凡能為王后找回小松鼠的人，重賞五十路易金幣」。

難怪革命家羅伯斯比（Robespierre）斷言道：「人類全體已被舊社會制度的罪惡敗壞到了如此地步，思緒每一及此，我便深信：有必要推動一場徹底的改造，換句話說，就是創造一群嶄新國民。」

動物譬喻

我們閱讀潑糞刊物文學會有一種感受：彷彿整個人類（特別是王后以及貴族保王黨圈子所代表的成員）都已墮落到喪失人格的地步。

瑪麗-安托奈特這個卑劣到難以名狀的女人特別適合配上最不堪的綽號。如果潑糞刊物作者再也變不出新花樣，有時只得宣告放棄，裝模作樣表達束手無策的無奈感：「安托

奈特，我詞窮了！」（路薏絲・侯貝）。沒錯，有時作者
筆鋒再利、憤懣之情再高，也是無法再從自己的詞庫中找出
足夠陰狠的字眼來，所以只能廢筆興嘆。作者何以感到無能
為力？那是因為自己無法滿足兩種要求：一是描述罪惡程度
有多過分，二是再讓讀者體驗新鮮的詫異感。當然，他們並
不可能真的「廢筆」興嘆，鵝毛管還得繼續搖下去，在揭露
罪惡的偉業之中毫不倦怠向前挺進，抖出別人還不曾說過的
恐怖內幕。為此，如果一個潑糞文宣作者，其想像力足夠旺
盛的話，那麼他就乾脆跳脫平鋪直敘寫法，一躍而起，跳入
詩的幻想領域。自然而然，為了醜化瑪麗-安托奈特王后那
異於常人的行為，並且使其易於理解，作者於是乞靈於動物
的譬喻。他的憤慨之情如此高漲，以致或許必須抽離人間，
然後進入禽獸界域，才有機會具體點明這個「日耳曼潑婦」
或是「卑劣女暴君」她的無恥天性。從大部分仇視女性之潑
糞刊物的立場來看，仍用「女人」一詞來稱呼她，簡直讓她
佔便宜了。應該將她貶入更低層次，將她打入禽獸行列才好。
由於王后及其親信咸信已然泯滅人性，因此他們不但從貴族
自以為高高在上的那位置慘跌下來，甚至不配當人，只能像
群動物現出原形。他們不是教人嫌惡就是令人膽寒，完全受
那王室敗類操控，而那一窩王室敗類又徹底受王后她的性愛
胃口擺佈。王后只依本能行事，那使她陷入寡廉鮮恥地步的
本能。動物形象突顯王后及其寵幸玻里涅亞克公爵夫人（綽

號「母變色龍」，和王后一起以國庫公帑蓄養一窩「螞蝗」）的劣蹟敗行，象徵猥褻不害臊的舉止。在潑糞刊物中，將人比成禽獸通常意味人比禽獸還更卑賤，甚至不配躋身禽獸之列。此外，「利用其他人名替代某一人名 ᵡ」（antonomase）的修辭法亦為這類文宣所慣用的技巧。瑪麗－安托奈特變身美莎琳娜（Messaline）、普洛賽蘋（Proserpine）、芙雷黛貢德（Frédégonde）或是布魯奈歐（Brunehaut）[65] 等等，但又比這些人物的罪孽更加深重，總之就是難以歸類、無從比較。

王后算是宮廷這座動物園的台柱，園中關的（除了「野兔般膽怯的」國王之外）盡是最凶猛的禽獸。奧地利種「母老虎」的習性尤其教人作嘔，所作所為盡是驚世駭俗的事。各種動物譬喻恣意嫁接到她身上，這意味她有恐怖的幻化能力，而且此種能力完全為其仇法情節服務。《獵殺凶猛又發臭的野獸，牠們入侵森林以及平原，如今流竄到了宮廷以及首都》（*La chasse aux bêtes puantes et féroces, qui, après avoir inondé les bois, les plaines, etc., se sont répandues à la cour et à la capitale*）（一七八九年）的小冊便將她比喻成豹。她是「有害食肉獸」名單上的頭一號，肯為人家為她搬運來的死屍付出最高價

---

65. 約 547～613 年，西哥德王國公主，法蘭克王席治貝爾一世（Sigebert I⁽ᵉ⁾）的王妃。國王故後，她出任其兒、孫、曾孫三代之攝政，統治奧斯特拉西（Austrasie）東部與布根第地區，將羅馬式的中央集權引入國內。在統治前期，她因獨到的政治眼光而被視為明君，後因其殘暴戾虐而惡名遠揚，最終以 66 歲高齡遭判四馬分屍酷刑而死。

錢。這本潑糞刊物寫得好像一本獵術指南，開宗明義的第一章寫道：「大家對於如下事實深信不疑：有一隻豹從日耳曼宮廷逃脫出來，躲在法蘭西好幾年，倒也不曾造成破壞⋯⋯然而最近，她露出日耳曼本性的真面目。我們懸賞四萬鎊獵殺牠。這頭畜牲健壯有力，目露炯炯凶光，一身紅褐色的皮毛⋯⋯」同一本小冊裡，玻里涅亞克則化身為一頭野蠻殘暴的母狼。她和那頭紅褐豹子兩情繾綣，也與其他野獸交尾，那些野獸數量可觀、品種不一。這隻發了瘋的動物在國境裡四處奔竄。凡能擒獲並殺死牠的人可得二萬鎊的酬勞。

瑪麗-安托奈特她以猛獸之姿示人，這點正好呼應輿論認定她很瞧不起法國人。她被比喻成了畜牲，這不過是以其人之道還治其人啊。有人就曾描寫她待人和待狗並無兩樣。《奧地利女人之西班牙種小獵犬的自述：莫蒂耶將軍以及豔婦安托奈特的夜夜春宵》（*Soirées amoureuses du général Mothier et de la belle Antoinette par le petit épagneul de l'Autrichienne*）（一七九一年）便控訴王后翻臉不認狗的那腔傲慢氣，因為她的個性反覆無常，不再受她珍愛的人就會被棄之如敝屣。這隻小狗以前是女主人的心頭肉，如今卻被莫蒂耶將軍（即拉法葉）排擠掉，於是哀訴委屈說道：「以前我是天之驕子，如今草芥不如。」（卡薩諾瓦也曾因為一名威尼斯的貴族女子冷漠待他而發不平之鳴：「好像我是可有可無，真的情何以堪！」）值得我們注意的是，在潑糞刊物的眾獸相中，那

隻受冷落的小狗竟然能發人語，這畢竟是極罕見的情節。此乃因為牠獲得潑糞刊物作者的同情，另外，牠的心聲（說教人的或是被害者的）正和輿論口徑一致。不過，如果動物隱喻施於人民公敵身上，那麼這類野獸通常不曾開口說話，也就是說，牠們與那人民並無可能對話交流。唯一目標便是追擊牠們、屠戮牠們。

　　奧地利母老虎本身就是母猴和公虎或是公熊交配的產物。她的身邊圍繞著蜘蛛女兒、母狼玻里涅亞克、豬哥路易十六、狐狸普羅旺斯侯爵以及一整個朝廷的猴子、貓頭鷹、臭鼬鼠、灰林鴞、烏鴉。難道這些都是從拉封登（La Fontaine）的寓言世界裡重活過來的嗎？從那個人界獸界分際線恆常浮動、曖昧性也無解的世界裡重活過來的嗎？斷然不是！潑糞刊物中的眾獸相和寓言故事裡的世界天差地別。在拉封登筆下，人獸之間有慾望的交流，也有相互認同。獅子愛上牧羊姑娘，然而後者對於前者那份景仰之意並非無動於衷：「無論如何，美女素愛英雄，因此她們樂意接納長鬃情人 xxxi。」可是蟄居在那杜樂利宮裡的野獸以及流竄在法國或是國外的那些野獸可就毫無空間供人遐想。牠們被人載入名單，化身做形形色色的害獸，只為讓人一窺牠們平常遮掩起的原形：潑糞刊物試圖撕破國王、王后以及貴族們的人皮外表，進而揭發其邪惡的內在。他們變形成為禽獸，就算如何誇張、如何難以置信，都仍具備深刻的現實面。那是有

意彰顯出來的現實面。論及詩人聖 - 亞蒙（Saint-Amant）筆下動物寓言世界的時候，文論家吉哈爾 · 傑內特（Gérard Genette）曾說過：「那個世界幾乎全由鳥類以及魚類構成：這種偏好正符合巴洛克心靈最明顯的傾向：將自我投射在稍縱即逝以及難以捉摸的現象裡 xxxii。」他補充道：「藉由魚和鳥的暗喻，便能提出一個較寬廣的主題，亦即宇宙以及生命的可逆性 xxxiii。」反過來看，魚類完全不在潑糞刊物裡的動物之列，鳥類雖有，也是極其稀罕（如果選牠，也非為了突顯牠的飛行能力）。小冊裡面都是隸屬於穩固世界的陸生動物，不飛也不游動。牠們外表、體態醜陋駭人，這點意味鬥爭無可逆轉，仇恨不能平息。

瓦洛瓦 · 得 · 拉 · 莫特（Valois de la Motte）侯爵夫人

這群猛獸的受害者活該倒楣！其中有位很出名的便是瓦洛瓦 · 得 · 拉 · 莫特侯爵夫人。相較於王后或是玻里涅亞克或是其他女人（她們都把世界視為貯放增進性高潮用具的場所），莫特夫人扮演的角色則是具美德的受害者。她是大革命前史詩中的茹斯汀娜（Justine） 66。

她是個年輕的投機份子，早先經常進出宮廷，並曾佯裝昏厥，竟也成功吸引滿朝人員注意，後來更因王后的「項鍊

---

66. 《茹斯汀娜，或喻美德的不幸》（_La Nouvelle Justine ou Les Malheurs de la vertu_）法國作家薩德的一部早期小說，與《茱麗葉特，或喻邪惡的喜樂》是姐妹作。

事件」而聲名大噪。輿論指控她為王后以及侯安樞機主教穿針引線，而據說後者也喜歡侯爵夫人。好幾本重要的潑糞刊物便以她為核心進行佈局，例如：《瓦洛瓦・得・拉・莫特侯爵夫人親筆之辯護性回憶錄》（*Mémoires justificatifs de la comtesse Valois de La Motte, Écrits par elle-même*）（倫敦，一七八八年）；《瓦洛瓦・得・拉・莫特侯爵夫人親筆之辯護性回憶錄續集》（*Second Mémoire justificatif de la comtesse de Valois de La Motte, Écrit par elle-même*）（倫敦，一七八九年）；《王后被拆穿的真面目又名瓦洛瓦・得・拉・莫特侯爵夫人回憶錄之補遺》（*La Reine dévoilée ou Supplément aux Mémoires de la comtesse de Valois de la Motte*）（倫敦，一七八九年）。

　　書中那些費力寫出卻又枯燥乏味的辯護詞，充斥「前面我已交代過了」、「大家並不健忘」等等語句的辯護詞，不厭其煩把同一套東西翻來覆去地講。書中捍衛的事可用三言兩語加以概括：「我這一生乃由一連串不幸的事件構成，有必要來證明一下 [xxxiv]。」這番話倒也挺真實。夫人早年由於頗具姿色而且膽子夠大，因此無往不利，但到後來命運就坎坷了。「項鍊事件」宣判之後，一切罪責都落在她身上，所以被處鐵烙之刑。至於侯安樞機主教以及卡里歐斯特羅（Cagliostro）[67]，他們則在被釋放的當天晚上於燈火璀璨的

---

67. 1743～1795年，自稱伯爵的秘術師，係阿拉伯裔的馬爾他人，和上文的侯安都因安托奈特的鑽石項鍊事件而聲名大噪。

巴黎街上受人歡呼擁戴。後來，她流亡到英國，並且死在倫敦，也許是自殺，也許是他殺。據傳她從高窗跳下，而那時節，革命份子正準備要將她迎回法國，為王后的審判出庭作證。如果她不要死，那麼革命時局也許會有戲劇性的大幅變化。

「項鍊事件」醜聞以及後續審判即是全民同仇敵愾對抗王后的先兆了。所有牽連其中的人都因反作用的影響而變成了人民英雄。卡里歐斯特羅並不需要多一層的宣傳加持。他在一七八五年就已經聲譽鵲起，並和妻子塞拉芬娜（Serafina）一起受到民眾崇拜。其信徒包括社會的各類份子，共同的信物是扇子、胸針以及飾有這對迷人夫妻人頭像的帽子。這種流行其實並無任何心機企圖，但和狂熱份子所宣揚的革命預言同時擴散開來。因此，在路易‧馬西雍看來，瑪麗 - 安托奈特之所以會垮台，最初肇因於潑糞文宣的抨擊，最後再由煽惑言語（自詡為預言家的人以及江湖騙子所說的話）克竟其功。

潑糞刊物裡的淫穢描寫不但庸俗而且褻瀆宗教，不但襯托革命狂熱份子們的信念，同時呼應他們散佈的超自然訊息：上天打擊那死抱君權神授觀念的王室，尤其是想法和路易十六唱反調的王后。因為王后除了觀念守舊之外，還無法想像其他的政府形式（她應該很支持兄長約瑟夫二世的聲明：「我是保王黨，這是我的職業」），因為其世界觀完全受制

於自己的宗教教育，因為無論說到政治或是其他事情，知性的好奇心絕非她的強項。王后不折不扣是一隻該被斬殺的怪獸。她使覬覦王位的野心份子動員起來反對她，又令醉心於建構新時代的理想主義者以及瞎扯美好未來的冒牌先知抗拒她。馬西雍以他一貫既反常又清晰的思路寫道：「早期有些潑糞文宣作者偏袒普羅旺斯與奧爾良家族，如今又因下列一干人物加入，致使該陣營的聲勢更加壯大：未受罰的慣犯、好煽惑的份子、懷鬼胎的術士等等。一七九三年，他們出版名為《杜玄納老爹》（*Le Père Duchesne*）的小冊，並且發起「打倒阿古莉匹娜[68]（亂倫）」的行動，此舉係聲討土后的最後作為。一七八五年時，為了激起國王憤慨，使他下令囚禁王后，進而令人將她勒斃，他們也曾在須布賀（Suburre）鼓吹「鬥垮美莎琳娜」（Messaline）此一抗爭：也就是在這背景下，原名約瑟大・巴爾沙摩（Joseph Balsamo）的「卡里歐斯特羅侯爵」出現了。他這個阿拉伯裔的馬爾他人彷彿是《一千零一夜》中的反派人物，自稱是麥加一位聖族長老的女親戚的兒子，並且在麥地納一位伊斯蘭教法典說明官的家裡長大成人，而事實上，卻只是一個職業皮條客（替自己的妻子拉客）扮起來的交際能手罷了[xxxv]。」

---

68. 15～59 年，古羅馬皇后，暴君尼祿的生母。她是羅馬帝國早期最著名婦女，也是古代世界最有名的下毒者，據說亦曾與尼祿亂倫。59 年，她被尼祿的近衛軍殺害。一般認為，阿古莉匹娜幾乎是淫蕩、狠毒、陰險、殘忍、變態的代名詞。

馬西雍詮釋法國大革命的觀點並不是主流。他認為大革命本質上是聖殿騎士團（Templiers）[69]的復仇行動，並賦予各秘密教派決定性的角色，同時認為卡里歐斯特羅在項鍊事件中乃是最關鍵的人物。當年的潑糞文宣倒是把得・拉・莫特侯爵夫人的重要性擺在首位。也許因為在她和瑪麗 - 安托奈特對立的這場女人戰爭當中，她屈居下風了，成為國家機器不公不義的犧牲者或是王后魅惑力的受害人。不管哪種情形，反正她都是吃虧的那一個。在那幾本怨言不斷的自傳中，拉・莫特敘述自己如何變成淫蕩王后的獵物。那個無恥女人讓她初嘗蕾絲邊的性愛滋味。她通常約拉・莫特晚上十一點到午夜間在小特里亞農宮會面。「天哪！她現身了！我覺得她姿色絕倫！……我心裡想：『花神出來尋歡，任意拈弄一朵卑微小花 [xxxvi]。』」果然如此。小花很快就被取代，花神已入其他芳叢。於是拉・莫特哀嘆道：「哎！那些壞女人啊！那些壞女人！尤其是公主后妃，王后最是惡劣。她寫信給我，

---

69. 中世紀天主教的軍事組織，係著名的三大騎士團之一，皆為當時為籌組十字軍而建立的軍事修士會。其成員稱「聖殿騎士」，穿著繪上紅十字的白長袍，為十字軍最具戰鬥力的人。該團創立於第一次十字軍東征（1096～1099年）之後，主要由法國騎士組成，最初駐紮在耶路撒冷的聖殿山，傳說位在所羅門王的神殿之上，因此得其團名。1129 年，聖殿騎士團得到羅馬教廷正式支持，擁有諸多特權，遂迅速增長其規模、勢力和財富，甚至發展出最早的銀行業。聖殿騎士團和十字軍的命運密切相關。1291 年，聖地陷落，他們失去了根據地。1307 年，其眾多成員在法國被捕，殘酷受審後以異端罪名被處火刑。1312 年，身處亞維農教廷的教宗克雷芒五世（Clément V）受法國國王腓力四世（Philippe IV）施壓，宣佈解散聖殿騎士團。此一活躍將近兩世紀的宗教軍事組織從此在歐洲主要的地區銷聲匿跡，其悲劇結局則催生許多相關的傳說和文學作品。

語氣彷彿我是她的小廝，多麼冷漠，多麼無情 [xxxvii]……」

這位侯安樞機主教審判案中的不幸女主角，這位「塞納河畔的蒙難者」已經指出她的女敵，或者說得更精確些，指出整個女敵譜系。經由她們，罪惡得以滋長並且高奏凱歌。這是歷史上的妖后孽脈。

嗜血女人

潑糞刊物聲討瑪麗－安托奈特，它結合了性幻想與政治仇恨，但這絕不是原創的主題，因為歷史對於掌權女人或外國人原先就存在著一波又一波的論述、歌曲以及諷刺描繪。路易十三的王后奧地利的安娜（Anne d'Autriche）[70] 或亨利二世的王后凱撒琳・得・麥第奇（Catherine de Médicis）無一倖免。瑪麗－安托奈特和她們的差別在於：大革命允許原先存在於幻想中的暴力付諸實現，讓真正的血流出來。

瑪麗－安托奈特很喜歡血，既是縱慾的王后又是罪惡的王后。她對於單純的娛樂感到厭煩，因此燃起性愛活力之火，

---

70. 1601～1666年，法國國王路易十三的王后（1615～1643年），路易十四的母親，乃十七世紀歐洲最著名的女性之一。安娜是西班牙國王腓力三世（Philippe III）的女兒，生於馬德里。1615年她與同為14歲的法國國王路易十三結婚。這次婚姻帶有政治性質，婚後夫婦二人都不快樂，因此從1620年開始，兩人實際上即處於分居狀態。路易十三最主要的權臣、紅衣主教利希留懷疑安娜對於法國是否忠誠。由於安娜出身西班牙且是哈布斯堡王朝成員，利希留便一直擔心她會背叛法蘭西。在多次反對路易十三的叛亂發生後，利希留都指控奧地利的安娜是陰謀策劃者的同路人，然均未獲證實。

並且構想一些罪惡計畫以便戕害法國人民。這個淫邪女人認定：享樂胃口以及復仇心思其實同一碼事。瑪麗－安托奈特不但性事成癮而且嗜殺：兩項指控彼此也難分得清楚。金黃色頭髮的（或紅棕色、或紅色頭髮的）安托奈特躺在膚色黝黑的玻里涅亞克夫人懷裡，一面從性事的疲憊復甦過來，一面打算如何消滅本國臣民。她想像自己在血海之中泳動。屠殺法國人民（在潑糞刊物中，被那個「奧地利女人」罵成「塞納河的蛙群」）將是她這場長期狂歡的登峰造極，也是她生命的目的。這位王后宣稱：「我的唯一心願便是目睹這座京城被它自己的血淹沒……每顆提來我面前的法國人頭，我都甘心用等重的黃金買下[xxxviii]。」這些斬下的頭功用和椰子殼一樣，將會加工製成酒杯。「我們因享樂而過度興奮，因耗損體力而倦怠，但我們只願意短暫停歇，就為了恥笑群眾的不幸，並用罪惡之杯大口大口喝酒。杯中滿溢的酒昭告我們：再過不久，我們將效法羅馬帝國的卡里古拉（Caligula）皇帝[71]，用那酒杯痛飲法國人的鮮血，而那酒杯『正好是他們自己的腦殼』；這份考究極其殘忍，遠古時代已經不止一次為我們樹立了榜樣[xxxix]。」

　　瑪麗－安托奈特夢想能在其中泳動的那血川血河、血之

---

71. 12～41年，羅馬帝國第三任皇帝。卡里古拉被認為是羅馬帝國早期的典型暴君。他建立恐怖統治，神化王權，行事荒唐。由於好大喜功，他大肆興建公共建築，不斷舉行各式大型歡宴，帝國的財政急劇惡化。後來他企圖以增加各項苛捐賦稅來減緩財務危機，引起所有階層的怨恨。41年，卡里古拉被近衛軍刺殺身亡。

湍流、血之浩瀚汪洋正好象徵她的嗜殺淫慾，肆無忌憚表露出的淫慾。不過，她的殺人手段不止一種。她也使用毒藥。在傳統上，這種狠計常被視為女性專擅。潑糞刊物此一文類常有多種主題重覆出現，其中一種便是譴責王后下毒。她被指控毒殺了莫赫巴（Maurepas）[72]、維爾珍納（Vergennes）[73]（「我手裡就有瑪麗・得・麥第奇的配方[xi]……」）、米哈伯（Mirabeau）（「本人認為，害死米哈伯的毒藥便是從王后自己的研缽裡搗製出來的[xii]」）以及她的親生兒子，亦即死於一七八九年六月四日的太子（「是她插手主導這一切的。她用蒸餾法仿製了那惡名昭彰的美蒂亞（Médée）[74]從果爾丘斯（Colchos）帶過來的毒藥。而太子羸弱的體質也助長了瑪麗-安托奈特想出來的陰謀[xiii]」）。更不用說，她也試圖毒殺親夫路易十六：《王家血脈步上末途以及毒害法國國王路易十六》（*Le Déclin du sang royal et l'Empoisonnement de Louis XVI roi des Français*）（一七九一年）揭發瑪麗-安托奈特幹的一

---

72. 1701～1781年，法國國土路易十五時代曾任海軍大臣，路易十六在位頭7年又任首相。由於勸阻路易十六實行經濟與行政改革，他對最後導致法國大革命爆發的政府危機負有一定的責任。

73. 1717～1787年，法國政治家和外交家。1774年，路易十六即位後他出任外交大臣，策劃與北美洲殖民地居民結成同盟，幫助他們在美國獨立戰爭中擺脫英國的統治，同時他還成功在歐洲建立起一個穩定的力量均勢。

74. 希臘神話中的人物。島國果爾丘斯（Colchos）的公主，賈松（Jason）的妻子，也是神通廣大的女巫。美蒂亞的父親是果爾丘斯國王，她被愛神之箭射中，與率領阿爾戈英雄前來尋找金羊毛的賈松一見鍾情，幫助對方盜取羊毛，並殺害了自己的親弟弟。不料對方後來移情別戀，美蒂亞由愛生恨，將自己親生的兩名稚子殺害洩憤而釀成了悲劇。

項勾當，說她「巧手將那鑽石磨成極細粉末，然後摻入咖啡」送給丈夫喝下。這本小冊同時也對那位「倒楣又軟弱的君主」喊話：「你將緩慢而且痛苦死去，這事正好充做普天之下一些統治者的殷鑑。他們太信賴妻子的濃情蜜意。你的安托奈特已經為你掘好墳坑，而你那些教士專門招搖撞騙，打算重建舊教同盟（Ligue）那個可悲時代。」

　　浮華輕佻、揮金如土、放蕩縱樂、女同性戀、亂倫嗜血、下毒害人、謀殺親兒，瑪麗-安托奈特可說把各種罪都幹齊了。由於惡行昭著，她引發了法國的大革命。她將國家推入破產深淵，又令人民陷進絕望，將其逼上造反的不歸路：「要讓真相揚眉吐氣，正因你的奢靡習氣，國庫的錢被掏空去支付你享樂的開銷」，這是《法國大革命的起因，又名奧地利瑪麗-安托奈特法國王后不為人知的行為》（*La Cause de la Révolution français, ou la Conduite secrète de Marie-Antoinette d'Autriche, reine de France*）（一七九〇年）一書中的指控。她導致舊政權崩解，如今卻又設法令它苟延殘喘。她是墮落腐敗的好寫照，說她有多頹廢就多頹廢。

　　為了抗拒這個世紀禍害，法國大革命相對推出純潔道德的英雄，例如那「廉潔的」羅伯斯比，例如姓氏本就帶有「正義」（just）這一好字眼的聖-儒思特（Saint-Just）[75]。這位

---

75. 1767～1794年，法國大革命的雅各賓專政時期領袖，公安委員會最年輕的成員。由於聖-儒思特長相俊美冷酷，而有「恐怖大天使」或「革命大天使」（l'archange

大天使般嚴肅的年輕人在共和國政府組織改造的計畫中首推兒童教育立法（「小孩你打不得也寵不得」）以及朋友情誼。聖-儒思特夢想的烏托邦是既純潔又陽剛的，女人在其中不扮演任何角色。她們無關緊要到不必受監督審查。世界只屬於男性的「朋友」。他們不必彼此碰觸或是交談，就能豪爽付出忠誠情誼：「在戰鬥中，朋友並肩向前邁進。朋友一輩子結合在一起，死後更要同穴而葬。大家都要為死去的朋友服喪哀悼，為他們挖墓穴，為他們辦葬禮，並且和孩童們一起在墳堆上散下鮮花 xliii。」

善行騎士寧求一死也不願意聽命於女魔頭。他們毫不恐懼，逼視她那有如蛇髮女妖戈果內（Gorgone）的腦袋，勇氣直追挺身面對人面獅身的伊底帕斯或面對惡龍的聖喬治。他們決定斬殺怪獸。

瑪麗-安托奈特是個邪惡的女暴君，是天地間的大禍害，完全不具一絲人性：「她的目光嚴厲、陰險兼又激動，只巴望著戰火以及屠殺，以便滿足那不公不義的復仇慾望；她的鼻子以及面頰長滿丘疹，因為她的肌肉和那青灰色的皮膚之

de la Terreur, l'archange de la Révolution）的外號。他於 1788 年大學畢業，1789 年參與法國大革命，1790 年出任國民衛隊隊長。1791 年聖-儒思特出版《革命與法國憲法》一書，成為革命陣營中的青年理論家。聖-儒思特的幾篇演說都很有名，最有名的是 1792 年 8 月 10 日要求將路易十六處死的演說。但是在熱月政變之後，聖-儒思特還來不及發表最後的演說，便與羅伯斯比一起被送上斷頭台。

間滲著腐敗的血，那張惡臭的嘴噙住一條狠毒舌頭，不管倒進多少法國人的鮮血也都無法止她的渴 [xliv]！」

安托奈特是隻七頭蛇怪，牠被斬掉的頭等於法國大革命期間被砍下的頭。除非她死，否則純淨政權無法統治（有可能嗎？因為七頭蛇怪每一顆頭被砍掉後還會長出新的）。

革命行動導致流血，不過那是出於正當防衛才流的血。瑪麗 - 安托奈特則因天性邪惡所以嗜血，而且為其黨羽樹立了殘忍的榜樣。王后本質奸邪，此種特點令她非得見到濺血場面不可，大革命會變得腥風血雨全都怪她：「從一七八九年到一七九二年九月所流的血都是因她而起，由於她的陰謀詭計，由於她又熱中利用法國人來殺法國人 [xlv]。」她挑撥起種種衝突不和。社會緩步進入臨終卻又不甘死亡，她正是此種精神的化身。她造成了舊世界的覆亡，如今卻又抗拒新世界的誕生。王后不僅是一切不幸的根源，還是它的絕對根源。她和自己的性器官併成渾然一體。那個深淵吞噬一切，乃是蓄積毒液之處，其廣其闊足以滋養宇宙，或者至少滋養所有反革命的大軍：「自從革命爆發以來，保王黨俱樂部一直動作不斷，且尊安托奈特為其靈魂人物；每個成員都從那個奧地利女人的陰戶汲取毒藥。這個腥臭窩巢正是萬惡之源，每個成員都來那裡盡情補足適合自己的劑量啊 [xlvi]。」

瑪麗 - 安托奈特流血

直到最終，王后她的處境都是最女人的，而且還是不潔淨的女人。囚禁在坦普勒監獄最後幾個星期，她的月經久久不見收乾。由於下體不斷滲血，她的衣服染上斑斑污漬，也沒有足夠的布巾供她止血。

如果說大革命代表男性之道，那麼王后便標幟了女性之道。她的那頭金紅鬈髮是面血色大纛，同時象徵月經之道。

....

i   *Actes du Tribunal révolutionnaire*, recueillis et commentés par Gérard Walter, Paris, Mercure de France, 1968, p. 53.

ii Edmond et Jules de Goncourt, *Marie-Antoinette*, Paris, Olivier Orban, 1983, p. 11.

iii Edmond et Jules de Goncourt, *Histoire de la société française pendant la Révolution*, Paris, Charpentier, 1098, p. 236.

iv *Essai historique ou la Vie de Marie-Antoinette, reine de France et de Navarre, nee archiduchesse d'Autriche, le 2 novembre 1755*, seconde partie, 1789, p. 24.

v   *Essais historiques sur la vie de Marie-Antoinette, reine de France, pour servir à l'histoire de cette princesse*, Londres, 1789, p. 47.

vi *Œuvres anonymes du 18ème siècle*, Enfer de la Bibliothèque nationale, no 6, Paris, Fayard, 1987, p. 403.

vii *Essais historiques...*, op. cit., p. 41.

viii *Vie de Marie-Antoinette d'Autriche, reine de France, femme de Louis XVI, roi des Français*, Paris, 1791, p. 5.

ix *Marie-Antoinette. Correspondance secrète...*, op. cit., t. III, p. 50.

x   Mme de La Fayette, *La Princesse de Clèves*, Paris, Le Livre de poche, 1983, p. 4-5.

xi *Anecdotes sur Mme la comtesse du Barry*, 1776, p. 151.

xii *Le Portefeuille d'un talon rouge*, 1780, p. 14.

xiii *Essais historiques...*, op. cit., p. 11.

xiv *Ibid.*, p. 72.

xv Antoinette d'Autriche, ou Dialogues entre Catherine de Médicis et Frédégonde..., Londres, 1789, p. 8.

xvi *Essais historiques...*, op. cit., p. 63.

xvii *Bordel patriotique*, 1791, p. 36.

xviii   *Les Amours de Charlot et Toinette,* 1789, p. 3.

xix   Léon Bloy, *La Chevalière de la Mort,* Paris, Mercure de France, 1966, p. 35.

xx   Bernard Fay, *Louis XVI ou la Fin d'un monde,* Paris, Amiot Dumont, 1955, p. 140.

xxi   Cité par Louis de Loménie, *Beaumnrchais et son temps,* Paris, Michel Levy, 1856, t. I, p. 428.

xxii   Louise Robert, *Les Crimes des reines de France depuis le commencement de la monarchie jusqu'à Marie-Antoinette,* Paris, 1791, p. 438-439.

xxiii   *Les Bordels de Lesbos, ou le Génie de Sapho,* Saint Pétersbourg, 1790.

xxiv   *Fureurs utérines de Marie-Antoinette, femme de Louis XVI,* s.l.s.d., p. 8.

xxv   *Vie de Marie-Antoinette d'Autriche...,* op. cit., p. 81.

xxvi   *Boudoir de la duchesse de Polignac et Rapport des scènes les plus curieuses,* publiées par un membre de cette académie de lubricité, 1790, p. 7.

xxvii   *Ibid.,* p. 7.

xxviii *Ibid.,* p. 5.

xxix   *Vie de Marie-Antoinette d'Autriche...,* op. cit., p. 102.

xxx   換稱法（antonomase）：修辭學「提喻法」中的一種，把普通名詞當成專有名詞以及把專有名詞當成普通名詞。瑪麗 - 安托奈特被罵成「美莎琳娜」（Messaline）以及「巴伐利亞的伊莎柏」（Isabeau de Bavière）之後，她自己也一腳踏進了換稱法的過程：「不過，請你放心，你到牢裡還可以繼續扮你的女主人，你的瑪麗 - 安托奈特，夜裡在宮廳間逡巡來回。」（尚 · 惹內 Jean Genêt，《女僕》 *Les Bonnes*）。

xxxi   La Fontaine, *Fables,* Paris, Gallimard, 1986, p. 94.

xxxii   Gérard Genette, *Figures I,* Paris, Seuil, coll. 《Points》,1966, p. 9.

xxxiii *Ibid.,* p. 17.

xxxiv   *Mémoires justificatifs de la comtesse Valois de La Motte,* écrits par elle-même, Londres, 1788, p. 19.

xxxv   Louis Massignon, *Parole donnée,* Paris, 《10/18》, 1970, p. 199.

xxxvi   *Mémoires justificatifs de la comtesse Valois de La Motte,* op. cit., p. 21.

xxxvii *Ibid.,* p. 94.

xxxviii *Désespoir de Marie-Antoinette sur la mort de son frère Léopold II, empereur des Romains, et sur la maladie désespérée de Monsieur, frère du roi de France,* Imprimerie de la Liberté, p. 4.

xxxix   *Essais historiques...,* op. cit., p. 102.

xl   *Ibid.,* p. 80.

xli   *Vie de Marie-Antoinette d'Autriche...,* op. cit., p. 131.

xlii   *Ibid.,* p. 109.

xliii   Saint-Just, *Œuvres,* Paris, La Cité universelle, 1946, p. 306 (《Institutions républicaines》).

xliv   *L'Iscariote de la France ou le Député autrichien,* octobre 1789, p. 4.

xlv   *Vie de Marie-Antoinette d'Autriche...,* op. cit., p. 78.

xlvi   *Ibid.,* p. 123.

仇恨之歌

血統論爭

　　瑪麗-安托奈特所激起的淫穢文學達到相當強度以及規模，因為這種文學已與「血統出身」此一狂熱議題合流起來。輿論為了抵制這個根源於惡、並且使惡永固的「日耳曼潑婦」，便營造出一種理想生育模式：共和國的母性。以道德為最高指導原則，這是每個法國女人都要盡的義務。「夫妻婚後七年若無生育子女，而且又不收養，依法必須離婚。」

　　瑪麗-安托奈特只會製造不和，調配毒藥。她的陰戶好似一洼瘟池。她的眼睛迸射有如閃電的光。她的譜系上溯年湮代遠之前，但更嚴重的是，孕育她的乃是「另一個壞模範」。從瑪麗-安托奈特往前推，一套極駭人的「險女¹」譜系便昭然若揭了。這些女人包括凶殘、追求逸樂、索人命的王后、不稱職的母親還有諸罪惡的幫凶走狗。不容置疑，瑪麗-泰瑞莎即隸屬這套譜系。她受撒旦勢力擺佈，發願要令這股勢力興旺下去。在那一些污衊瑪麗-安托奈特的文宣裡，奧國女皇實為其女惡行之源。經由這瑪麗-泰瑞莎，人家更能向前推及罪的肇端。法蘭西王室的毒藥乃從外號「奧地利女人」之瑪麗-安托奈特的陰戶裡調製出來，不過她只是奧國女皇的工具罷了。瑪麗-泰瑞莎因有復仇衝動方才孕育了瑪麗-安托奈特。前者圖的並非延續生命，而是破壞毀滅。在天主教的崇拜中，聖母瑪麗亞代表的是救贖的母性，而大革命的意識型態又接續這個傳統，勸勉法國婦女要多生兒育

女、報效國家。但是另有一種復仇母性與此相反，其目的旨在維繫王室於不墜，並以人民做為芻狗，逼使他們苦難不絕、永世沈淪。瑪麗-泰瑞莎為滿足自己對人類的憎惡，尤其是對法國人的怨毒，因而產下瑪麗-安托奈特，所以她才得意洋洋說道：「本人奉送他們這樣一頭怪物，這仇可報得淋漓盡致了"！」

路易十六的配偶是罪惡之女。等到王后好不容易做了母親，那也只是為了延續這套危險譜系：「我是罪惡之女，如今輪到我來產下另外一個罪惡之女。我是整個大自然憎惡的怪物。母皇啊，不管上天將您安置何處，請您儘管笑逐顏開，因女兒的罪惡事功而歡欣鼓舞吧"！」

女人如今心無二用、徵逐逸樂，王權已然與其畫上等號。王權甘心做罪惡世系的鷹犬，在封建古堡、女巫的窩、淫邪王后的生殖器等幽暗有毒的「巢穴」中幹起勾當：……此一世系被光明正大的良善母性鬥爭聲討。這種「超人母性」（maternité surhumaine）（密須雷語）為了國族救贖以及新人類的誕生犧牲奉獻。它自有其顯赫的女英雄。例如公民瑪荷西耶（Marcier）便是，因她「產下一名女嬰，女嬰左胸有塊共和國自由之帽的印記，不但顏色鮮明而且形狀像淺浮雕」……有位記者曾評論過這則不尋常的新聞：「不僅證明造物主喜歡以祂的印記昭示：獨立自強的人將佔優勢，而且說明，女嬰母親對這自由之帽、對此一象徵自由的神聖信物

情感真摯」。

　　藉著她那可憎的生殖力，王后繼續傳遞承自其母親的女性邪惡特質。瑪麗 - 泰瑞莎傳給女兒的劣根由於眼不可見，因此更顯陰毒，而其禍害自遠古時代以來便不曾間斷。身為足堪與那「精悍女皇」相較量的後裔，瑪麗 - 安托奈特正是妖后此一綿長譜系裡的最後一環。名列譜系中的每位妖后皆受強烈競爭欲的驅使，必以她的劣蹟敗行令前輩的所做所為黯然失色才好。

　　瑪麗 - 安托奈特始終活在瑪麗 - 泰瑞莎的陰影之中。若將兩者加以比較，參考人物絕對不止一個，因為還有一整個系列的諸多妖后。潑糞刊物作者也都以冠冕堂皇的言詞咒罵那些妖后。作者不厭其煩，再三重覆，其實透露的是：他們暗中享受極大快感。這些女人放縱性慾、行為令人髮指，作者詳盡描述她們那駭人的劣蹟，提供嚴格的美德崇拜一個負面的對比。

　　亮晃晃的白晝宣告自由降臨，正與邪惡妖后們的暗夜幽影形成強烈對比。然而，越是譴責她們，她們越是陰魂不散。

恐怖巢穴……

　　從下面這一段描繪瑪麗 - 安托奈特夢境的文字中，我們不難看出：作者對於「女之巢穴」以及「女之魔性」抱持頑念，而且始終揮之不去。瑪麗 - 安托奈特因對國王以及法國人民

擁有無上權力，於是自然而然成為下述那巢穴及其魔性的象徵。在夢境中，瑪麗-安托奈特由她母親引領，去和歷史上的邪惡女人對話：「我發現被母皇帶往一處恐怖岩窟[iv]……」

在那個幽暗嚇人的地方，遺臭萬年的女前輩紛紛在她面前現身。她們一個接著一個對她說話，為的是要強化她的決心。芙雷黛貢德率先發難，炫耀她的過往事蹟：「『世人看見我的懷裡抱著兒子，同時指揮士兵打贏戰役。我為各族樹立一個典範：女人可以戰鬥還能打贏，看看我一生的主要偉業便能理解。我已教你信服，為了將那權柄牢牢抓在手裡，不要只用平庸伎倆。出於需求，加上時勢所逼，操弄任何方法都不為過。要是我的權杖稍微壓在人民身上，那是為了處罰他們妄想將我從寶座上趕下。那個寶座與其讓我那愚蠢的丈夫來坐，不如由我佔據還更合適。安托奈特，勇往直前，不要在你鴻圖的大道上半途而廢，只有不屈不撓才能成就大業。』她的話才說完，我就覺得腳下的地動搖起來，繼而刮起一陣旋風，芙雷黛貢德便從我的眼前消失了。然而沒過多久，又出現一位穿白衣服的年輕女子[v]……」這是巴伐利亞的茱迪特（Judith de Bavière）[76]，也就是溫厚路易（Louis le Débonnaire）[77]的妻子，好一個名聞遐邇的潑婦。輪到她向

---

76. 約 805～843 年，路易一世（Louis Ier）的第二任王后，查理二世（Charles II）的母親。

77. 路易一世（Louis Ier），又名虔誠者路易（Louis le Pieux），778～840 年，法蘭克王國的國王和皇帝（814-840 年在位），查理大帝的兒子與繼位者。

王后耳提面命：應該不擇手段達成政治目的。她歸結道：
「『安托奈特，你明白嗎？千萬不可放棄你深思熟慮之後
決定實現的計畫……』茱迪特消失了，巴伐利亞的伊莎柏
（Isabeau de Bavière）[78] 旋即現身，然後是查理八世[79]的妻子，
接著出現艾利歐諾（Éléonore）[80]，最後是凱撒琳・得・麥
第奇。伊莎柏對我說：『安托奈特，我們知道哪件事情令你
苦惱。你已竭盡所能效法吾人典範，誰料到你那個白癡丈夫
偏偏毀掉你憑天賦以及靈巧締造出的一切。請再度鼓起勇氣
吧，我們這種女性絕不可能氣餒。人家怪你有些放蕩，人民
都在那裡竊竊私語，就讓他們發發牢騷也好，反正不至於傷
害你[vi]……』」輪到凱撒琳・得・麥第奇最後發言了。她
對驚慌失措的王后說：「『妳不要饒恕任何人……就讓鮮血
流成長河……目前最需要的便是虛偽掩飾、背信棄義等等手
段……』話才說完，幾股夾雜火焰與濃煙的旋風拔地而起，
安托奈特說道：『在這令人作嘔的場所裡，我彷彿還能看見

---

78. 1371～1435年，1385至1422年為法國國王查理六世的王后。查理七世的母親。
79. 外號和藹查理（Charles l'Affable），1470～1498年，法國瓦盧瓦（Valois）王朝
　　嫡系的最後一位國王（1483～1498年在位），也是年輕的軍事家，開啟法國對
　　義大利長達半世紀的軍事侵略。
80. 艾利歐諾（1498～1558年），法國國王夫杭索瓦一世（François Iᵉʳ）的第二任
　　王后，典型王室政治婚姻的籌碼。十八歲時由其兄長（西班牙查理五世國王）
　　許配給大她三十歲的歐洲巨富葡萄牙國王艾曼紐一世（Emmanuel Iᵉʳ）。三年之
　　後其夫病死，再由其兄做主，以和親為目的，嫁給敵國法蘭西的夫杭索瓦一世
　　做繼室。她在法國宮中只是不受丈夫喜愛又受朝廷冷落的異邦人。十七年後，
　　夫杭索瓦一世過世，她在法國因為沒能生下子嗣，此時只能黯然返回西班牙。

醜惡的陰魂 [vii]……』」

　　芙雷黛貢德、茱迪特、伊莎柏、艾利歐諾、凱撒琳・
得・麥第奇……這份名單如果再增添如下名聲好不到哪裡
去的人物，那就更加狼狽：奧地利的安娜、克莉奧佩脫拉、
美莎琳娜、亞瑪遜女人國女王、圖令吉（Thuringe）王后巴
席娜（Basine） [81]、布魯奈歐（Brunehaut）（親手將年幼的
曾孫拋摔在牆面上）、頑固的普蕾克楚德（Plectrude） [82]、
專門沒有理由便犯罪的黎奇爾德（Richilde） [83]、康斯坦
絲（Constance） [84]、貝爾特拉德（Bertrade） [85]、艾利耶諾
（Aliénor，因為她的荒淫行徑，導致第二次十字軍東征的軍

---

81. 438～477年，日耳曼圖令吉（Thuringe）王國王后，據說後來越過萊因河，主
動向法蘭克王國國王齊爾德里克一世（Childeric I）求婚並嫁給他，因為她曾立
志：「就算必須飄洋渡海，我也要嫁給世上最有權勢的男人。」她是法蘭克族
墨洛文加王朝創建者克羅維（Clovis）的母親。

82. ?～717，法蘭克王國墨洛文加王朝晚期納斯特里（Neustrie）區握實權的宮相丕
平二世（Pépin II）之妻，曾在其孫圖多雅德（Theudoald）年幼時出仕攝政（714～
716年）。

83. 約845～910年，布根第王國公主，西法蘭克王國國王查理二世（「禿頭查裡」）
的第二任王后。其夫外出征戰時，均由其統攝國政。877年，查理二世駕崩，繼
承人的問題出現危機，黎奇爾德計畫安排自己的兄弟布根第公爵博梭（Boso）
繼位，然因傳言她與博梭發生亂倫的性關係，西法蘭克王國的貴族均反對她的
安排。

84. 法國卡貝王朝的第二任國王侯貝爾二世（Robert II，972～1031年，996～1031
年在位）的王后，原籍普羅旺斯的阿爾勒（Arles），係遠嫁至法國北部宮廷的
異邦人，且據說因生性殘酷，又好勾心鬥角，在宮廷中十分不受歡迎。她曾企
圖謀殺親生兒子亨利（Henri），以便受她疼愛的另一兒子侯貝爾（Robert）可
以登上王位，然此計畫未能成功。

85. 生年約在710至727年間，卒於783年，法蘭克王國國王丕平三世（Pépin III）
的王后，查理曼大帝之母。

隊士氣萎靡）[86]、安娜・得・博久（Anne de Beaujeu）[87]、安娜・得・布列塔尼（Anne de Bretagne）[88]、路薏絲・得・薩瓦（Louise de Savoie）[89]、瑪麗・得・麥第奇（她的身上同時流著義大利和日耳曼的血液）、克羅蒂爾德（Clotilde）[90]、布朗施・得・卡斯提爾（Blanche de Castille）[91]（控制、擺佈她的兒子聖路易，「好像尼祿皇帝的母親一樣」）以及冥后普洛賽蘋。這些女人在脫離一切歷史背景的前提之下，一一被人點出名來。她們犯的罪行獨立於時間軸之外，那是地獄裡的永恆。歷史學家若嘗試敘述她們的生平，那就好比羅馬皇帝海里歐卡巴魯斯（Héliogabale）的例子，會遇上不可能以精確時序加以定位的難題，以及許多「錯綜複雜到你無法想像、且無犯行日期的罪[viii]」。這些

---

86. 1122 ～ 1204 年，中世紀富庶繁榮之阿基坦公國的女公爵（Duchesse d'Aquitaine），先嫁給法國國王路易七世，婚姻被宣判無效後，又和英格蘭國王亨利二世結婚，生下包括獅心王理查及失土王約翰等在內的英格蘭著名國王。曾與路易七世發動第二次十字軍東征，然因軍紀渙散導致戰敗。

87. 1461 ～ 1522 年，法國國王路易十一的女兒。1483 年路易十一駕崩，繼位的查理八世尚未成年，乃由其姐安娜與姐夫攝政（1483-1491 年）。

88. 1477 ～ 1514 年，法國國王查里八世的王后兼布列塔尼女公爵。她生於布列塔尼公國的南特市，父親逝世後，成為布列塔尼公國的統治者。她是當時歐洲最富有的女性。

89. 1476 ～ 1531 年，法國文藝復興代表人物夫杭索瓦一世國王（François Ier）之母。夫杭索瓦一世征伐義大利期間，路薏絲・得・薩瓦曾經兩度出任攝政。

90. 法蘭克墨洛文加王朝國王帝埃里三世（Thierry III，約 651 ～ 690 或 691 年）的王后，曾於其夫死後擔任攝政。

91. 1188 ～ 1252 年，西班牙卡斯提爾王國公主，1223 年至 1226 年間為法國國王路易八世的王后，並在兒子路易九世尚未成年時以攝政的身分統治國家。

后妃公主雖已作古，竟仍敢以她們那種狼藉名聲來和偉人們的美譽分庭抗禮。這些偉人（遠古希臘或是羅馬共和時代）在大革命期間經常受人追念。上述出了名的后妃公主通常具備二個共同特點：一是犯下滔天罪行；二是根本沒把丈夫看在眼裡。可是她再如何堅心作惡，也都必須承認：瑪麗‐安托奈特才是名單上的龍頭老大。

在下面這一段氣氛緊繃的對話中，兩個最為世人所不齒的王后（芙雷黛貢德以及凱撒琳‧得‧麥第奇）坦承：瑪麗‐泰瑞莎的女兒已經後來居上，穩坐妖后譜系的第一把交椅。凱撒琳‧得‧麥第奇不服輸，坦率宣稱自己一手主導的聖‐巴爾泰雷米（Saint-Barthélemy）大屠殺[92]壞得才夠徹底。她說：『你要交代實際作為，提出來的證詞必須無可質疑，方能證明奧地利的安托奈特才是天下第一蛇蠍，名聲最是不堪聞問的人[ix]。』芙雷黛貢德和安托奈特較量之後自嘆弗如，便勸凱撒琳也俯首稱臣：『只需稍微審視安托奈特她的一生便可明瞭，她的心的確是萬惡之源，就連最微不足道的德性也都休想立足其中。亂倫啦，通姦啦，最見不得人的、最下流的淫穢行為、顛覆大自然神聖定律的劣蹟等等，都是這個女人、這個再世美莎琳娜她恬不知恥的尋常遊戲[x]。』芙雷黛貢德這

---

92. 發生於 1572 年法國宗教戰爭期間的事件，由宮廷內部針對雨格諾派（法國加爾文主義新教徒）領導人物的刺殺行動引發，之後發生天主教徒大規模屠殺雨格諾派教徒的暴動，罹難人數估約五千至三萬。傳統上認為此事件是由查理九世的母后凱薩琳‧得‧麥第奇所煽動的。

個法蘭克國王奇爾培里克（Chilpéric）的嗜殺王后下了最終判定：『安托奈特已將我們遠遠拋在後面，往後只能靠她自己超越自己。尋常罪行已難滿足她嗜血凶殘的心靈 [xi]……』」

這段不甘心的讚詞出自敗德翹楚之口，於是瑪麗-安托奈特順理成章變成卑鄙到了難以名狀、無人能出其右的狠角色。在她獨霸一方的領域裡，不管歷史上的妖后如何以卑鄙的行徑啟發過她，如今她不容許有人與她並駕齊驅：「在那使壞能手的位階上，我們可找不到與她平起平坐的人 [xii]。」

瑪麗-卡洛琳娜：名副其實的妖后？

正史將那不勒斯王后瑪麗-卡洛琳娜（Marie-Caroline de Naples）（瑪麗-安托奈特的親妹妹）看成這位斷頭王后最忠實且又最狂熱的崇拜者。可是，如果我們採信小說家斯湯達爾（Stendhal）的說法，情況或許正好相反，瑪麗-卡洛琳娜毫無疑問應可在妖魔王后的譜系之中勇奪桂冠：「如今統治那不勒斯的是一名天才女子。起初她熱情仰慕法國大革命（那是出於對姊姊的妒嫉），但是不消太久，她就明白：大革命對所有王權造成威脅，於是開始猛烈鎮壓這類活動。有天她親口道：『如果本宮不是那不勒斯王后，我倒樂意變成羅伯斯比。』有人在王后深閨的一個房間看到一幅巨大畫作，上面畫的便是處死她姊姊的刑具 [xiii]。」

從洛林 · 奧地利的瑪麗 - 安托奈特到奧地利的安托奈特：被湮沒的父系先祖

瑪麗 - 安托奈特的洗禮名是「瑪麗亞 · 安東尼亞 · 約瑟法 · 卓安娜」（Maria Antonia Josepha Johanna），而在維也納宮廷時，大家稱她為「安托妮」（Antoine）。遠嫁法國之後方才易名「瑪麗 - 安托奈特」（Marie-Antoinette）。

潑糞文宣裡的語氣從放肆過渡到敵對，一直以各種方式來玩弄王后名字。Antoinette 的昵稱（例如 Toinette 或 Toinon 等）出現在不帶一丁點友善氣氛的上下文裡，表示上述別稱目的完全不在表達溫情。尤其在那虔誠信仰的年代中，擅自摘掉「瑪麗」一詞簡直就是羞辱他人，等於故意毀損他人名譽，意味王后不配在名字上與那聖母有所牽連。

瑪麗 - 安娜 - 夏洛特 · 考爾戴（Marie-Anne-Charlotte Corday），也就是刺殺馬拉的「怪物」，在到處張貼的海報上面被描繪成「一個肥腴但氣色欠佳的悍婦，缺乏風度雅緻、骯髒邋遢」，一如所有女哲學家以及知識女性，也被摘掉「瑪麗」此一聖潔字眼。其實，她本人最偏好這個名字，況且簽名也只用它。

這些被革命司法系統截短的名字（在接受審判時，瑪麗 - 安托奈特常被簡稱成了「安托奈特」）已經象徵性地預告她的肉身將遭斷頭酷刑。

在她飽受法國輿論攻訐的那磨難期間，王后不但喪失聖

母瑪麗亞的庇佑，而且還丟了洛林公國的繼承權，也就是說，剝奪了她繼承自父系的一切，同時扯斷她因籍貫而與法蘭西連繫的臍帶。

「奧地利的安托奈特」只是她母皇的女兒。至於父系，根本不必多談。在傳說中，這名妖后只是奧地利女皇的復仇工具，是女性罪惡的濃縮樣態，是仇法的走狗，結果完全抹煞了與瑪麗 - 泰瑞莎終生恩愛的丈夫法蘭西斯一世（François Ier）。法蘭西斯一世身兼洛林公爵身分，始終非常依戀出生地的原籍。公爵並非奧地利人，婚後也沒被同化成奧地利人。所以，在潑糞文宣有關瑪麗 - 安托奈特的傳記裡面，最要緊的便是絕口不提這位法國公爵。法蘭西斯一世必須讓大家眼不見為淨，如此一來，這「異邦女人」的父系底細方能遮蓋過去，否則，她和亨利四世、聖路易等法國列王間的血緣關係便會一目瞭然。

法蘭西斯一世的母親伊莉莎白 - 夏洛特・得・奧爾良（Élisabeth-Charlotte d'Orléans）是雷歐波 - 約瑟夫・得・洛林（Léopold-Joseph de Lorraine）的妻子，又是攝政王菲利浦・得・奧爾良（Philippe d'Orléans）他的姊妹，其父母分別是路易十四的親弟弟以及巴拉廷納（Palatine）公主。如果那性情直爽的巴拉廷納公主地下有知，看見自己女兒家的世系被人從瑪麗 - 安托奈特的傳記抹得一乾二淨，連帶自己這位外曾祖母也被忽略，那麼她該暴跳如雷才是……

「奧地利女人」的洛林籍父親是一位思想自由的共濟會成員，生平熱愛音樂以及戲劇，先祖可以上溯十五世紀的賀內‧得‧安茹（René d'Anjou）。這樣看來，瑪麗-安托奈特實際上是法國歷史上法國成色最高的王后。可是大家知道，神話只偏愛從現實中擷取對它有益的成分。

卡米爾‧戴穆蘭（Camille Desmoulins）[93] 的禁令

　　法蘭西王后是怪物。潑糞刊物裡的論述一再重覆，譴責她把壞事都幹絕了。這首單調曲子永不懈怠傳唱下去，因它為了否定王后，於是挑戰王后具神聖特性這一經久不變的信念。這首仇恨之歌排斥它所嘲弄的神聖性，但又因為立足其上，仇恨才可歷久彌新。輿論不知疲累辱罵瑪麗-安托奈特，因為每個說出口的辱罵之詞伴隨褻瀆便激發了一種悸動。用垃圾來掩蓋她的名字是件暢美的事，這與愛慕敬仰那種正面情感恰好相反。絮絮叨叨的流水帳只是老調重彈，其中含的飽滿活力從不耗損，只要王后此一神祕身分所隱藏的本質（與眾不同、高高在上且又不可捉摸）持續下去，那份活力就不耗損。

　　從一七八九年開始，卡米爾‧戴穆蘭便想遏止這種和真正共和精神格格不入的褻瀆風潮，只可惜沒成功。他瞭解

---

93. 1760 ～ 1794 年，是一位法國記者、政治家，在法國大革命期間扮演重要角色，與喬治‧雅克‧丹敦關係密切。

到，潑糞行為從本質看將會沒有止盡，為她取的綽號渾名也會不斷翻新花樣，始終能夠變出更壞的來。若想阻止法國人再說出糟蹋辱沒王后的話，那麼先得去除王后頭銜所散發的魅力光輝，使那名字不再教人產生恐懼、戰慄或是不由自主想匍匐在她腳下的幽暗意識。如果不將「王后」一詞去神聖化（因為如何扭曲或是割裂此一字眼，也都無法減弱它的魔力），那麼不如禁用它吧。這正好是卡米爾‧戴穆蘭在其報刊《法蘭西與布拉邦之革命》（*Les Révolutions de France et de Brabant*）裡鼓吹的：「如果說有哪兩個詞對於自己被人送作一堆極感驚訝，那就是『法國人的』以及『王后』了。俄羅斯也好，英格蘭、匈牙利或瑞典也好，這些國家都可以有王后，然而法蘭克人和他們就明顯不同：法蘭克人沒有『王后』此一頭銜，因此不可能有『法國人的王后』。這是沙立克法典（*la loi salique*）[94] 裡所載明的。瑪麗-安托奈特只是國王之妻，僅此而已……我當然很清楚，我們祖先曾稱呼過：凱撒琳‧得‧麥第奇王后、伊莎貝勒‧得‧巴伐利亞王后；若再上溯歷史，也有布魯奈歐王后、芙雷黛貢德王后。我想

---

94. 沙立克法發源於法蘭克人沙立克部族中通行的各種習慣法，並因此而得名。在公元6世紀初，這些習慣法被法蘭克帝國國王克洛維一世（Clovis I）彙編為法律。沙立克法是查理曼帝國法律的基礎。沙立克法主要是一部刑法典和程序法典，極其詳細規定了各種違法犯罪應科處的賠償金，其中對於人身傷害、財產損害、偷盜和侮辱的賠償規定尤為詳細，並規定受害者所得到的賠償金的三分之一應交給王室。沙立克法也包括一些民法的法令，其中包括女性後裔不得繼承土地的條款。

祖先應該不致認為，如此稱呼就違反了沙立克法典的規定吧。我相信那個詞應該只是習慣用法，好比我們在信末謙稱自己為『您的僕從』一樣，純屬套語罷了。不過，人類畢竟會受到字詞的統馭。我們難道不能懷疑：這些女人因被冠上『王后』頭銜，才會認為自己不僅具備生殖能力，同時也擁有立法的威權？……職是，我提議官方文書裡禁止使用『法國人的王后』一詞，理由是它違反沙立克法典的精神，而且聽在愛國人士耳裡很不舒服，甚至讓人感覺屈辱 [xiv]。」

戴穆蘭沒能避開如下邏輯：出言否定反而等於肯定所欲抹除掉的事物。為了擯斥王后，潑糞刊物就不得不翻來覆去，一再數落歷史上所謂的妖后世系。貝內維斯特（Benveniste）曾寫道：「辱罵褻瀆即是從頭至尾以語言執行一整套程序，多少是以侮辱取代上帝之名 [xv]。」禁止褻瀆行為、不准逾越禁忌以及壓制此種逾越所引發的樂趣其實還是等於指涉該項禁忌，指涉某字眼的神聖光環。

戴穆蘭的提議最後不了了之。直到瑪麗 - 安托奈特被送上斷頭台為止，輿論仍然繼續編造這個壞到無人可比之女人的種種罪行，繼續褻瀆辱罵「王后」此一字眼。畢竟，要是罪惡喪失它的威勢魅力，那還能拿什麼可觀的祭品獻給美德呢？

卡貝孀婦 [95]

等到王后接受審判，長期以來已被她那魔鬼形象所激起的輿論情緒已強烈到無法冷靜下來。潑糞刊物中的譫妄如同咒語一般，大眾對於妖后一連串惡行的昂奮感受仍然繼續受其影響。這從審訊形式那種頗枯燥的交替問答可以一窺端倪。

艾貝賀（Hébert）的證詞即顯示出，有關王后的那種種無稽之談如何經久不衰。「最後，太子身體情況一天壞似一天，卻被西蒙撞見正在手淫，這對他的健康極為不利；西蒙追問太子，他從何處染上這項惡習，太子回答：從她母親以及一位阿姨那裡學來。根據太子在巴黎市長和檢察長面前交代的自述，上述兩個女人常讓太子睡在她們中間。在那場合，太子便犯下最無節制的穢行。根據太子本人證詞，那對母子無庸置疑也犯下亂倫的重罪 [xvi]。」

審判瑪麗 - 安托奈特，乃至將她定罪而後處死，這些彷彿都是在重罪舞台上演的戲碼。在這一齣戲裡，她以魔鬼般的惡行，她以永不饜足的性飢渴，成為無人可以與之媲美的女主角……

然而，這場審判講求平民化的排場。其間不得出現「王

---

95. 卡貝（Capet）王朝為十世紀字格 · 卡貝（Hugues Capet）創立的法蘭西王朝。路易十六又稱路易 · 卡貝（Louis Capet），且已於一七九三年一月二十一日被處決，故稱安托奈特為「卡貝孀婦」。

后」一詞。這可不是普洛賽蘋或是美莎琳娜受審，更非亞瑪遜女人國女王現身人民法庭，那個率領娘子軍切除乳房的女王。不過就是卡貝孀婦到庭罷了。丹尼爾・阿哈斯（Daniel Arasse）寫道：「王后被處極刑，這其實根據一七九三年九月五日某決定的邏輯而來。根據該項決定，恐怖統治將會成為政治常態。因為如果要和歐洲各國王室周旋到底，那麼法國革命當局勢必要從內部消除與國外勢力勾搭的公敵。法庭判定瑪麗 - 安托奈特已犯通敵之罪，因此不以王后頭銜而以卡貝孀婦名義將她送上了斷頭台。判她死刑必須本於尋常法律，同時證明共和政權業已步上正軌，所以不必為鞏固政權基礎的需要而找代罪羔羊[xvii]。」無論審判程序或是處決儀式，一切都依普通法來處置「卡貝氏的妻子」。路易十六乃由法蘭西第一共和的國民公會審判，他的妻子則是交由革命法庭處置，其身分地位和任何涉嫌的女公民並無二致。革命法庭庭長宣佈：「這名女子先前有那最光彩的威望加身，是由王權的傲慢以及奴隸的卑賤共同創造出的。然而今天，她所站的位置兩天之前另外一位普通女子也曾站過，這種平等特質也保證了當今司法確實無所偏袒。」不過，儘管當局信誓旦旦，決心堅守原則，這被告的特殊身分仍不斷被納入考量。瑪麗 - 安托奈特是平等措施裡唯一不尋常的案例。

審判程序從十月十五日上午八時持續到隔天上午四時三十分。黎明時分，陪審團在禁止旁聽的辯論後宣佈：有關

交付他們討論的每一點，瑪麗 - 安托奈特均屬有罪。「安托奈特，陪審團的決議如下 ⁱ……」在陪審團發表結論之後，檢察官富基耶 - 丹維勒（Fouquier-Tinville）繼而宣讀公訴狀，而「安托奈特」只默默聽著：「陪審團已做出一致結論：法庭同意檢察官根據其引用之法律條文所寫定的公訴狀，因此判處民女瑪麗 - 安托奈特（又稱奧地利的洛林人氏，亦即路易‧卡貝之妻）死刑。根據本年三月十日新頒法令，本庭宣佈：將人犯在我國國境內之財產悉數充公。在檢察官的要求下，本項判決必須印成海報，張貼於共和國各處，並於公告周知之後，即在革命廣場公開行刑。」

情勢已成定局，她已回天乏術。在審判進行的二十個小時裡，瑪麗 - 安托奈特懷著勝訴希望，以機智和技巧回答提問，這是因為她想生存下去，不過或許也是因為，身為「國王之妻」，這是她一輩子裡第一次（也是最後一次）以她本人身分去和別人應對。既然稱為「卡貝孀婦」，如今她就已不再是任何人的妻子。她只以自己的名義說話或者扯謊。

等待行刑的短暫時間裡，她被帶往「死囚之室」待命。她因為疲乏而頭昏眼花，無法看清四周任何東西，但她耳裡繼續嗡嗡鬧著許多聲音，其中也包括自己的，只是如此乏力無奈、如此遙遠。她禱告並小睡片刻，為了不致暈倒，還吃了些食物。她仔細從身體和心靈兩方面準備赴死。她願服從命令，脫掉身上那件太搶眼的黑色喪服，然後換上一身白衣。

她仍穿著黑襪，配上一雙雅緻黑絲緞鞋。她的全身上下唯有這雙鞋子還標幟昔日的華靡生活。

　　就在她準備受刑的同時，首都也已瀕臨戰爭邊緣。國民公會反對給她上訴機會。上午七時，巴黎已經做好萬全準備，以防保王黨會趁勢造反。巡邏人員在各街道穿梭，廣場和橋梁上架起大砲。會不會殺雞用牛刀，小心過頭了呢？也許是吧……不過，應該把這種陣仗詮釋為：巴黎戒備森嚴，展示出自己有能力對付瑪麗-安托奈特所象徵的毀滅力量。

　　不消多久，押解死囚前往那刑場的道路兩旁已被擠得水洩不通。革命廣場密密麻麻都是民眾。為了排遣等待時的無聊，群眾不是吃吃喝喝就是聊天。他們互相誦讀嘲弄瑪麗-安托奈特的新出版潑糞文宣，淫穢內容惹得眾人爆笑不斷：《王后向男寵與女寵道別》（*Les Adieux de la reine à ses mignons et mignonnes*）、《瑪麗-安托奈特沈痾不起》（*La Grande Maladie de Marie-Antoinette*）、《卡貝遺孀瑪麗-安托奈特之遺囑》（*Testament de Marie-Antoinette, veuve Capet*）……終於，她出現了，雙手被縛，挺直腰桿，坐在由劊子手監視之大囚車的長凳上。先前，路易十六他是坐著密閉馬車被押赴刑場的，而瑪麗-安托奈特卻只能像其他受刑人一樣，「佯裝勇敢」登上「三十六門的車」。為了防範暴力事件，沿路兩側皆有士兵站成人牆。囚車行進速度極為緩慢（從巴黎古監獄到革命廣場竟耗費一個小時），這使那些等不及看她人頭落

地的民眾惱火起來，不過，眼見她受屈辱，他們心底不禁浮現一股暢美之感。沿途仇恨叫囂以及喝倒采聲有節奏地高呼出來，瑪麗－安托奈特對此完全不為所動。她從囚車下來，動作敏捷輕快。到了行刑台上，甚至幫劊子手做了刑前準備工作。「此外，這個淫婦即便死到臨頭都還如此大膽、如此反常」（艾貝賀）。

她受刑了，四周歡聲雷動。「共和國萬歲！自由萬歲！」女人高聲說道：「以前老是聽人家說什麼魔鬼啦、地獄啦；現在砍掉她的腦袋，魔鬼、地獄都不見了。」這是天堂紀元的第一天，所以應該唱歌跳舞，最好能翱翔在杜樂利花園樹林的上空，不必涉過蛇髮女妖那灘黑血……

女人重覆說道，世間再也沒有魔鬼；可是她們卻也沒有移步離開，只是以空洞的目光，注視王后那無頭的屍身。

....

i   「險女幫」之稱號係指王后以及和她最親近的小圈子。Cf. *L'Iscariote de la France ou le Député autrichien*, octobre 1789, p. 12.

ii   *Essais historiques sur la vie de Marie-Antoinette d'Autriche, reine de France, pour servir à l'histoire de cette princesse*, Londres, 1789, p. 3.

iii *Ibid.*, p. 6.

iv   *Vie de Marie-Antoinette d'Autriche, reine de France, femme de Louis XVI, roi des Français*, Paris, 1791, p. 69.

v   *Ibid.*, p. 69.

vi   *Ibid.*, p. 75.

vii *Ibid.*, p. 77.

viii Antonin Artaud, *Héliogabale ou l'Anarchiste couronné*, Paris, Gallimard, 1979, p. 97.

ix   *Antoinette d'Autriche, ou Dialogues entre Catherine de Médicis et Frédégonde reine de France,*
     aux Enfers, pour servir de supplément et de suite à tout ce qui a paru sur la vie de cette prin-
     cesse, 1789, p. 4.

x   *Ibid.,* p. 7.

xi   *Ibid.,* p. 12.

xii *Vie de Marie-Antoinette d'Autriche...,* op. cit., p. 7.

xiii Stendhal, *Rome, Naples et Florence,* in *Voyages en Italie,* Paris, Gallimard, 《Bibliothèque
     de la Pléiade》, p. 542-543.

xiv Camille Desmoulins, *Révolutions de France et de Brabant,* no. 13, 12 décembre 1789.

xv   Émile Benveniste, *Problèmes de linguistique générale,* Paris, Gallimard, 1974, p. 255.

xvi *Actes du Tribunal révolutionnaire,*recueillis et commentés par Gérard Walter, Paris, Mercure
     de France, 1968, p. 96.

xvii Daniel Arasse, *La Guillotine dans la Révolution,* catalogue de l'exposition du Musée de la
     Révolution française, 1987, p. 87.

xviii 法官根據如下幾個問題做出判決：

1. 與外國勢力和共和國外敵的勾結以及陰謀是否確實存在？透過上述勾結以及
   陰謀，是否可能提供對方金錢援助，是否可能引導對方入侵法國領土，並且
   助長其軍隊之攻勢？

2. 路易‧卡貝遺孀，奧地利人瑪麗-安托奈特，是否證實她參與過那些陰謀，
   並且支持那些明來暗去？

3. 企圖挑起共和國內戰的詭計是否確實存在？

4. 路易‧卡貝遺孀，奧地利人瑪麗-安托奈特，是否證實她參與過這項詭計？

（Cité dans *Actes du Tribunal révolutionnaire, op. cit.,* p. 131-132.）

附
錄

潑糞刊物（Pamphlets）

***

以下為本書附錄的七本十八世紀的潑糞刊物 (Pamphlets) 之原文書名：

1. *Les Amours de Charlot et Toinette* (s.l., 1779)

2. *Le Godmiché royal* (s.l., 1789)

3. *L'Autrichienne en goguettes ou l'Orgie royale* (s.l., 1789)

4. *Bordel royal, suivi d'un entretien secret entre la reine et le cardinal de Rohan après son entrée aux États généraux* (s.l., 1789)

5. *La Ligue aristocratique ou les Catilinaires françaises* (Paris, 1789)

6. *Description de la ménagerie royale d'animaux vivants, établie aux Tuileries, près de la Terrasse nationale, avec leurs noms, qualités, couleurs et propriétés* (s.l.s.d.)

7. *Testament de Marie-Antoinette, veuve Capet* (Paris, s.d.)

除了第 1 與第 4 冊，這些潑糞刊物都可在法國國家圖書館的數位線上書庫 http://gallica.bnf.fr 上閱覽。讀者可以其原文書名搜尋。

Les Amours de Charlot et Toinette

(s.l., 1779)

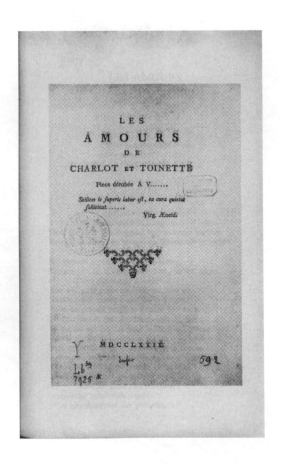

《查爾洛與托奈特之豔史》
本文改編自伏……[i]

一七九九年

有位王后既年輕又活潑，

她的配偶威嚴有餘，然而肏功庸劣，

她的芳心疲於空等，

她的美穴草草受幹，

於是決計要將兩樣器官活用，

偶爾以審慎的態度，

排遣一下惱人愁苦。

在甜蜜的春夢之中，

她蜷屈嬌美的玲瓏身軀，

一絲不掛，有時躺在軟座圈椅

的絨毛上，利用不知哪根手指，

堪稱愛神門房的手指啊，

就在夜裡，屏除了白晝的拘泥；

她焚香祭禱西黛爾之神[96]：

有時，在亮晃晃的白天裡，

她卻孤枕獨眠，渾身打著哆嗦：

---

96. Dieu de Cythère：指維納斯。

她的乳峰不停顫動，她的美麗雙眸
她的朱唇半開半合，微微嬌喘，
彷彿誘惑哪個能幹人士潛入她的香閨。
在她放蕩的想法裡，
安托奈特才不要這種隔靴搔癢的前奏；
寧可路先生[ii]轟轟烈烈將她幹上一場；
可是，這種事情怎麼說才好呢？

舉世皆知，這人君是條可憐蟲，

男性雄赳赳的本事，
他是一而再且再而三地無能為力，
由於徹徹底底不舉，
惹得安托奈特洩火無門。
由於他的火柴棒還不如一小截麥稈，
王后確實是不幸了；
而且那件話兒始終軟趴趴的，
始終直不起來，
也就等於放在口袋，沒有用場；
所以，他不能肏人，
只配被人肏，好像安提阿已故的主教那樣。

有天，阿先生 [iii] 覺得興致勃發，

油然興起了姦淫的衝動，

於是跪倒在王后的腳邊，

心中肉慾滿盈，身軀不住顫抖；

想要和她說話，但卻遲遲說不出口，

只是深情款款緊握對方那雙纖巧的手，

有時顯露一下那包藏不住的愛意，

有時表現焦慮情緒。

這種試探終究水到渠成，

安托奈特的鳳心大悅，迷戀此道。

從此，各路王親貴族絡繹到訪。

她將一間精美密室利用金箔巧飾停當，

房裡不算幽暗，但也不致過度照亮，

王后坐在繃上天鵝絨的軟綿沙發椅上，

美麗容顏散發多少風采，多麼令人敬畏。

親王將其陽具獻給愛之女神：

真是溫情交媾的時光啊！

她的芳心怦怦然跳，愛情與那嬌羞

用醉人的緋紅染亮她的秀容；

嬌羞褪去，唯有風情獨留臉上：

王后欲就還拒，芳頰不禁淌流珠淚。

這教自信之阿先生看得目眩神迷，

他的雙眸燃著熊熊慾火，注視后之媚態：

啊！誰能夠不將她奉為偶像，盲目崇拜她呢？

勻稱粉頸直教那雪花石黯然失色，

在此之下，雙峰卓立，模樣標緻，並且

微微悸動，愛神將它塑得如此渾圓：

雙峰之上挺立小朵玫瑰。

乳頭，勾魂攝魄的乳頭啊，沒有半刻清閒，

彷彿招人伸手愛撫，

彷彿吸引目光凝視，鼓舞嘴唇湊上一吻。

安托奈特之美超凡入聖，

渾身無處不散發著魅力：

而那肉慾的妖嬈馨甜呵，

似乎賦予她前所未見的嫻雅：

感官歡愉教她美麗，愛情便是上等胭脂。

阿先生認得她的身軀上下，

此刻正吻著她的每寸肌膚，

他的性器有如柴火般的熾熱，

心窩有如一座火爐；

侯爵親吻她的美麗手臂與那可愛陰戶，

有時轉攻臀部，有時不教乳峰寂寞：

他輕巧拍拍王后豔腴的臀肉，

還有大腿、腹部、肚臍；

狂野而甜蜜的激情之中，她的胴體被吻遍了。

侯爵沒注意到，自己一副無賴饞相，

因為狂喜令他失魂恍惚，

這時他要直搗愛之本營。

安托奈特佯裝逃避自己原本酷愛的事，

彷彿驚訝恐懼，只能半推半就：

阿先生他趁虛而入，安托奈特被征服了，

畢竟對方肉功了得，這感覺多美暢。

正當愛神教他兩人繾綣難分之際，

正當查理將她摟得狠緊，

教她連聲求饒之際，

安托奈特渾身打起哆嗦。她的眼眸

浮現了天界僅有的極樂至福。

他們同登欲仙欲死之境。

然而，命運是不折不扣的叛徒，

他們竟然聽見喚人之鈴被扯動了……

一名警覺性甚高的小廝，

一心急著執行命令，直走進來，驚擾這對鴛鴦……

他打開門，現出身子……目睹一切，

立即一溜煙地退下。

　　　　一切都在瞬間開始並且結束。

　　　　阿先生因為這不光彩的事情東窗事發，

　　　　錯愕之餘，暫且離開現場。

　　　　美人不住呻吟，

　　　　眼皮低垂下來，羞得面紅耳赤，

　　　　一句話也吐不出口。

不久，侯爵踅回，又以熱吻安慰王后：

「快別惦記，別再惦記這件倒楣的事，

雖說那個自作聰明的冒失鬼

妨礙了我們的好事，

然而，雨過天青之後，

歡愉經常加倍強烈。

躺下來吧，讓我們再續快活的時光。」

過程進行之中，侯爵更狂野更大膽，

王后依然行禮如儀，加以抗拒，

但這反令情愛滋味更加刺激，

顯見更多細膩趣味。

親愛的讀者啊，事情如此這般，

我們這對鴛鴦盡情幹弄一番，

他們屁股篩搖多麼厲害，

戰況激烈的程度不言而喻啊。

誰料想到，二度有人闖進門來，

是傑爾衛大人：

「王后陛下有何吩咐？……」

阿先生勃然大怒說道：

「嘿！真他媽的！是故意的，

我看不懂搞的什麼把戲，

好一群虐待狂發作的狗奴才，

動不動就登堂入室，這些傢伙打算怎樣？」

王后徹底亂了方寸……驚魂甫定之後，

他倆開始費心搜尋，

一直找到最隱蔽的角落，

務必弄清藏在這件詭異事端

背後的原因啊；

怎料忙了半天依然一無所獲。

性事中斷教人懊惱，

王后悶悶不樂，終於抽噎起來，

然後有如一袋重物，癱軟在地板上，

地板的磚面啊，你們

是王后橫遭羞辱的無聲見證。

嫵媚不翼而飛，嬌軀無限倦怠，

澆熄小倆口慾火的……竟是條該死的緞帶

那只喚人鈴的扯帶，綁在下端的那球結，

該死的天殺的球結，

便是當日意外事件的禍源啊，

因為它被卡在兩個靠墊之間……

每當侯爵埋頭抽送，

專心品嚐鸞鳳顛倒之樂，

外面便有鈴聲與之唱和。

唉呀！要是全天下的登徒子偷情時，

都遭這種喚人鈴的緞帶作梗，

那麼多少淫棍要被鎖進大牢！

恩愛的野鴛鴦鬆了口氣，

日暮之前，他們又兩次三番地

以實際行動來榮耀愛神。

他們沈醉在肉慾的懷抱之中，

似乎飽嘗愛神恩賜直到饜足。

侯爵與王后的生活過得益發美滿幸福

情慾熾旺更是與日俱增，

他們為維納斯神獻上永恆不渝的恩愛。

他們經常攜手共赴仙境，

對於幸福情人而言，

時光似乎凍結，愛情不再插翅飛逝。

至於作者我嘛，要是人家讓我

享盡榮華富貴，卻不准我開懷大笑，

不准盡情奼弄，也不准討女人開心，

那麼為了自救脫離苦境，

　　　我還寧可一刀剁掉我那話兒。

　　　如果有人對你絮絮叨叨，宣傳什麼美德貞操，

　　　那肯定是出於嫉恨；

　　　話說回來，要是我們代代祖先不曾努力辦事，

　　　今天哪有你和我的蹤影。

（巴黎國家圖書館，禁書書庫）

i　　伏……，即伏爾泰（指《聖女貞德》〔La Pucelle〕）。
ii　　路先生，即路易十六。
iii　　阿先生，即阿爾托瓦（Artois）侯爵。路易十六之幼弟。

Le Godmiché royal

(s.l., 1789)

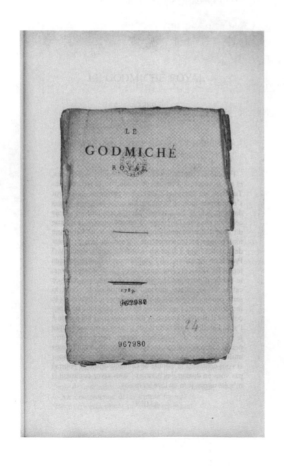

《後宮的自慰棒》

出版商聲明

凌晨三時，巡邏外加站哨之後，本人十分疲憊，站在杜樂利宮外的廣場，未見人影，不聞人聲，恐懼之感向我襲來，於是便盡可能穩當躲藏在崗位裡。睡意使我沈靜下來，然而才打一會兒盹，我就聽見有個聲音清楚對我說道：「你呀不如留在店裡，賺錢養活妻小，何苦穿上這種與自己勇氣不相稱的衣服呢？這份手稿拿去，先印出來，然後散發到各城市。你要注意，如果二十四小時內，公眾還沒有得知這份文件的內容，如果你還穿著這套制服，那麼就會被人吊死。」先前教我昏沈入睡的恐懼感此刻竟令我俯跌在地面。我喊救命，但是沒人理會。大雨滂沱，我站起來尋覓遮蔽處所。多麼令我吃驚！那份手稿竟然實實在在握在我的手裡！由於擔心被人吊死，因此我就趕印出來以饗各位！親愛的公民啊，要是您的勇氣與我伯仲之間而已，那麼，不如脫掉你們身上的制服吧；要是各位質疑這份手稿可信與否，我也無法拿出什麼證據。反正各位知道它是如何交到我手中的，我也不必為此扛起任何責任。

阿門

後宮的自慰棒

一七八九年

朱諾以及亥貝[i]之對話錄

朱諾（單獨一人，裙子掀起，肆無忌憚撫弄私處）

這屄被人太過輕視，可敬的部位啊！

附生捲曲黑毛的有用部位啊！

從前，在那薄倖郎的眼裡，你曾是座迷人小丘，

哎呀！請你傾聽我的怨詞：

如今那混帳的肥水竟落到別人田裡了；

看到本宮，他就屌軟，

瞧見不管哪孔屁眼，雞巴反而梆梆地硬。

真氣死人！好絕望啊！親愛小丘，我的摯友，

朱班[ii]他的陽具不再將你珍惜，

如今只配做肚臍下的空洞洞，

能慰藉的，唯有這冰冷冷的快樂棒。

（她從女紅用品袋裡掏出棒子。）

好個聊勝於無的陰莖替代品，

然而不失為救命的恩物，

不知該感謝哪間修道院，發明這玩意兒，

你教我的騷屁花心舒暢，

妙處還要凌駕我的手指末端。

（自顧抽送起來）

天理何在！朱彼特專脅美少年「肛裡沒德」（Ganimède）
的小菊花，

而本宮卻狼狽求助於可悲的變通辦法！

什麼！我丈夫的那對無情睪丸

經常教我空嚥口水，而那白漿

卻胡亂射在見不得人的地方，

造物之神為之臉紅耳赤，

本宮只配做個活寡婦嗎？

是時候了，本宮終究應該出手報復，

從今以後，天下眾屌歡迎來脅本宮這屄，

我要好好利用我這出色的屄。

親愛的亥貝啊，趕快現身。

＊ ＊ ＊

亥貝

偉大的天后啊，不知有何吩咐，

原諒臣妾衣衫不整就來應答；

方才在宮殿的候見廳裡，天后，

大力士海克力斯正忙著搗弄我呢。

朱諾（低聲）

這丫頭是來者不拒，

邊肏邊過舒坦日子！

怎麼命好成這樣哩！本宮羨慕死了！

哎啊！本宮恨不得馬上來根善幹的血肉之屌！

換成是我，本宮願意當場和他搞起來呢！

亥貝

她的目光到底在尋覓什麼呢？

為什麼陰森森地一言不發呢？

如此長吁短嘆，該作什麼解釋？

請恕臣妾直言，王后，在這宮裡，

您豈不是最享樂的，性事必定最歡快的？

然而臣妾看您面帶憂戚，是哪裡痛？

該不是哪個天殺的輕狂小子

把淋病過給您，

教您排尿之時灼痛難忍是吧？

您的聖屄豈能受到此種差辱！

不可以啊！

咦，讓我看看這根棒子。

朱諾

拿去看吧！

亥貝

怎會這樣！

朱諾（笑道：）

就是一根假陽具嘛。

亥貝

天哪！竟用這種工具！臣妾發現這事

真正詫異，您竟如此孤單，需要

自行解決！

雙人合唱

大自然中有誰不肏？

魚兒魚兒水中肏，

山羊山羊地上幹，

小小蟲兒空中爽歪歪：

讓我們肏，肏到嬌喘吁吁，

天生諸屌正為眾屄。

朱諾

說句實話，本宮偏偏無福享受，

大屌本該造福女性！

我這滾燙淫穴的枯乾小陰唇

悲慘地癱軟在陰戶的邊緣啊！

哎呀！哪根能幹的屌快來

澆灌它們，快使它們恢復活力，

好比花壇中的玫瑰，

花開，花謝，而後落在地面，

或是在那流動的沙地上，

春風起，離水牡蠣開硬殼。

亥貝

好奇特的言語！我的靈魂為之騷動！

怎麼！王后，您雖君臨天下，

然而聖屄卻乏人問津哪！

臣妾鄙視王位寶座以及所有虛華名份；

單單一支好屌便可抵過一柄權杖：

去他媽的什麼聖上恩寵，

還有命運不分青紅皂白盲目丟給我們

去承受的所有一切，

兩顆睪丸比起榮耀王冠強太多了。

朱諾

唉呀！親愛的亥貝啊，你真說出本宮心裡的話！

然而，你也知道，總要為自己的身分地位犧牲一點；

女子身為公主就一輩子註定不幸，

因為無法決定自己的婚姻啊！

本宮喜歡你的建議，你這些話直教本宮心花怒放！

我已下定決心，讓我們轟轟烈烈地幹吧！

亥貝

臣妾的話您總算聽得進去了，

王后，只等您的吩咐，還怕沒得肏嗎？

或是，請立刻下令組織二十個軍團，

由三萬根粗屌所組成的軍團，

教他們都來您的聖尿裡尋找出路；

只消交代下來，這事包在臣妾身上：

普里亞普斯[97]的那種肉稜粗貨，

或是牧神潘恩那高高翹起的弧狀硬物

或是酒神的朋友西列努斯[98]那銳不可當、

---

97. Priapus：希臘神話中的生殖之神。他是酒神戴奧尼索斯（Dionysus）和阿芙洛黛提（Aphrodite）之子，亦是家畜、園藝、果樹、蜜蜂的保護神。他以擁有一根巨大、永久勃起的法魯斯（phallus）而聞名。在英文中，他的名字是「陰莖異常勃起」（Priapism）一詞的詞源。

98. Silenus：希臘神話職司森林的一位神祇，為酒神戴奧尼索斯的伴侶和導師，常以

比起魚兒還迅捷的傢伙，

或是其他千萬支好東西，

都渴望服務您那出色的後庭：

王后，您的幸福小穴一旦感受

到活力滿盈的粗屌狂插猛抽，

那都要樂上九重天了吶！

人家賣力進出，你就又搖又篩迎合他吧；

可能的話，盡量滿足您的交媾慾望；

不過，萬一哪天不知何故，

您讓男人給肏煩了，

那麼請您恩准臣妾運用技巧，

為您摳弄聖屄。

朱諾

亥貝，快去，飛奔前去，聚攏你的朋友，

務必在我身邊，

組織起待命的粗屌大軍，專為本宮的淫穴服務吧；

你等著看，本宮在性事技巧上多麼高明卓越；

亥貝，物色粗屌務必用心，向本宮證明你的熱忱吧；

但願俊美外貌不要矇蔽你的精明，

禿頭和厚唇的老人形象出現，往往與酒神戴奧尼索斯形影不離。其形象亦反映
於藝術以及相關的文學作品之中。

金玉其表的人經常敗絮其中；

不要給本宮送來不中用的爛茄子 iii，

那種貨色一見到屄只會興奮莫名，

因為太過色迷心竅，幾乎還碰不到桃花源的要緊之處，

就自顧爽快地不敬業了。

小心，不要帶這種下雜傢伙來，

那些金髮的小癟三或是愛吹噓的伯爵，

每天只知花上一半時間猛照鏡子，

都是外表光鮮然而一無是處的軟腳蝦；

要派他們上用場時，

叛徒的嘴臉便原形畢露：

初上場時，他們的屌倒還有個軒昂模樣，

但是才撐片刻就都一敗塗地，只能悻悻而去；

本宮更加不要只會寫詩的小白臉，

他們雖然會狂熱詮釋上天的意旨，

然而因為對於五個打一個的遊戲習以為常，

所以只要見到淫穴，他們那討人嫌的屌立即

在怪誕文思的推波助瀾之下，

禁不住射精了；

此外，本宮也不歡迎虛腫的屌，

引不起慾望，給不了快感，

只是傲慢地挺脹著；

他們晃動著充血的陰莖，然而無濟於事，

因為子孫囊裡沒有精液，沒有激發色慾的原動力：

總歸一句，而且是合理的一句，

親愛的亥貝啊，為了澆熄我這淫穴的火，

本宮不如塞些瀉藥進去算了。

這都不是朱諾所期盼的。

本宮心儀的屌必須周長可觀，

幹起來時沒有節制不需休息；

還有一種上乘貨色，它的龜頭

插得牝門深處搔癢難耐，

然後一陣津湧狂射，

弄得好似白雪覆蓋黑草；

最後還要提提另外一種極品正屌，

由溫柔轉劇烈，那逐步增強力道的肏功，

真正勾你的魂，攝你的魄。

亥貝

王后請您信賴臣妾，畢竟我是個中好手，

找來的屌保證合您胃口；

臣妾在此鄭重向您發誓：

如果提供您的哪支雞巴無法令您

高潮達二十次，淫液狂流，

那麼往後就算我亥貝再如何慾火中燒，
終身不准被男人肏或是自己摳屄洩火。

朱諾

你發這誓未免太毒了些。

亥貝

那些小伙子的陽具就算最短
也有十五吋長。

朱諾

本宮要的正是這種尺寸。那周長呢？

亥貝

起碼也有八吋，這是臣妾眼見為憑才說的話。

朱諾（若有所思之後說道：）

十五吋長！圓周八吋！
哎唷！本宮才一想到，淫水已就滴滴答答；
還不叫他們快過來，叫他們淹沒本宮的騷屄！
亥貝，你去告訴他們，就說是柔情萬千的朱諾
（總得有個名字向人去說）

比起炭火還要熱情；

又說我的後庭異常靈巧，就是目前不很通暢！

喂，亥貝，他們是否個個都是身材好的善膏高手，

本宮可以相信你嗎？請包涵本宮的疑懼。

哎呀！萬一他們的屌並不習慣幹人幹到對方高潮，

才插進來，就立刻抽回去……

不會的，不會的……你很有眼光的，

而且一向敬愛本宮，不會馬虎打發我的；

就這麼辦，叫他們來，本宮將要幹得昏天暗地，

我要讓我丈夫頭上的角一根接一根長；

今天，輪到那隻王八烏龜感受一下

由愛與恨交相激發出的復仇決心：

立刻傳那些小伙子進宮，本宮的屄洗得噴香，

內衣以及裙子全都高高撩起，

但願他們的濃汁一桶桶倒進本宮的淫穴裡，

地面那些凡人恐怕以為洪水時代又來臨了。

（亥貝下）

朱諾（獨白）

操那些心沒有必要！無知生出煩憂，

軟弱滋養了它，輕率支撐著它！

太多顧慮的內疚啊！在這情慾熾旺的節骨眼，

但願別來干擾；

我只聽命於本人的淫穴，這已足夠，

其餘有何重要？

淫穴裡興奮難抑的猥褻動作

才是我唯一應該傾聽的神諭；

去他媽的什麼貞操婦德，不過就是泡影，

發情的屄連她親爹都可以肏：

可愛的指頭心肝們，請來為朱諾手淫吧，

你們是快感的原動力量，屄屌同樣受用，

你們知道如何騷弄，

只一瞬間就令童貞灰飛煙滅，

快感之神，維納斯的諸位公子，

離開你們的住所吧，

為了我的幸福，快來我的宮裡坐鎮。

（一群扮成不同性器官的角色裸體上場，並且開始跳起
誨淫之舞）

看到這群陽具蹦蹦跳跳，

目睹這些陰戶手舞足蹈，

覆蓋著初生的細毛多麼教人喜歡。

我覺得自己的淫穴之中昇起怡人慾火，

教我渾身發燙，暖意直竄心窩。

（巴黎國家圖書館，禁書書庫）

---

i　　Junon：天神朱彼特之妻，天神之后。Hébée：青春女神，在朱彼特用膳時，專門
　　為其供應瓊漿玉液。在本文中，朱諾等於安托奈特，亥貝等於朗巴勒（Lamballe）
　　夫人或玻里涅亞克（Polignac）夫人。

ii　　即天神朱比特。朱比特在古法文中稱朱班（Jupin），此指路易十六。

iii　　原文為 Viédases，可做二解：一、罵人的粗話，等於「白癡」；二、普羅旺斯語
　　的「茄子」（參見立特雷〔Littré〕辭典）。

L'Autrichienne en goguettes ou l'Orgie royale

(s.l., 1789)

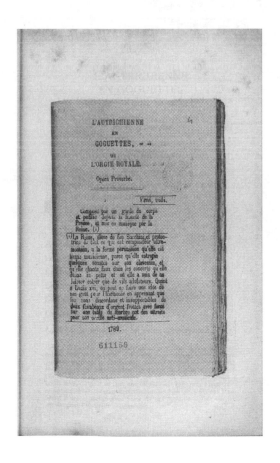

《叫春的奧地利女人：又名王家淫亂派對》
格言－歌劇

我來，我看

文本係一位王宮裡的近衛所作
作品出版於報禁解除之後，
王后陛下親自配樂
改編為歌劇 [i]

一七八九年

出場人物：

路易十六。

王后。

阿爾托瓦侯爵。

玻里涅亞克公爵夫人。

王家近衛。

（入場景為凡爾賽宮裡的小起居套間）。

第一景

近衛合唱隊（一面飲酒）

生活樂趣要多變化，

時而敬拜酒神，時而奉祀愛神，

這宮廷裡給了榜樣，

直教我們慾望越燒越旺。

近衛某甲

拿起武器，主子來了。

近衛某乙

今晚宮裡將有淫亂派對，王后所寵幸的女官正陪著她。

近衛某丙

還有阿爾托瓦那個大紅大紫的人，你看看他，一半德行一半罪惡。

你猜，他的罪惡何在？

近衛某甲

沒什麼好猜的；我只看到他真分身有術。

第二景
阿爾托瓦侯爵、王后、玻里涅亞克公爵夫人

王后（對側身讓王后通過的玻里涅亞克夫人道）

進來，進來啊，我的女官。

阿爾托瓦侯爵（雙手扣住王后的屁股，將她輕推向前）

您也快請進呀。（附耳對王后道：）哎呀！你看這屁股！多麼結實，又有彈性！

王后（低聲向阿爾托瓦侯爵道）

要是本宮的心也像那裡一樣的硬，我們還能相處得如此愉快嗎？

阿爾托瓦侯爵

還不閉嘴，什麼瘋言瘋語，否則今天晚上我還要奉送我哥哥一個兒子。

王后

唷！使不得呀！有花堪折直須折，莫留果實惹麻煩。

阿爾托瓦侯爵

就依您的。要是辦得到，我就謹慎些。

王后

我們先坐一下。

玻里涅亞兌夫人

國王陛下人在哪裡？

王后

你白操什麼心呀？很快他就會來這裡惹得大家討厭。

三人輪唱（王后、阿爾托瓦侯爵、玻里涅亞克夫人）

王后

我的身邊環繞多少

肉慾滋味，多少愛情，多少詩歌文藝，

將我引上歡樂大道，

追隨幸福律法，邁開腳步。

阿爾托瓦侯爵（對王后唱道）

哦！無上的美善！我陪在意中人的身邊；

我心漲滿情愛歡愉，如痴如醉，

再不貪圖別的享樂。

玻里涅亞克夫人

敬愛的王后啊，

臣妾滿心歡快，

因為無時無刻，

我都能為您的感官

注入最甜美的迷醉！

三人合唱

我的身邊環繞多少

肉慾滋味，多少愛情，多少詩歌文藝，

將我引上歡樂大道，

追隨幸福律法，邁開腳步。

玻里涅亞克夫人

王上駕到。

第三景

路易十六。其餘人物與第二景同。

王后（作撒嬌狀）

陛下您看大家苦等您呢！是誰攔阻您了？

路易

寡人剛才一心要做完一門鎖才肯罷休。好有成就感啊。

王后

陛下一定累壞了！請喝下這一大杯氣泡綿密的香檳酒。

路易

寡人樂意。（一飲而盡。）

王后

陛下再來一杯如何？

路易

不行。今晚寡人不能喝醉，因為明天一大早得要會見群臣，共商國事。要是喝得頭腦昏沈，那麼就會喪失明智的決斷力。

王后

其實陛下只要出席就可以了。您的那班咨議大臣將和以往一樣，天馬行空地扯。

路易

寡人確實希望澤被萬民，無奈那些紳士籌劃半天，總讓寡人實行起來件件都成蠢事。

王后

對於巴黎居民，陛下施的恩澤算很多了。

四人合唱

開懷笑吧，盡情吃喝，

好好享受權勢；

散盡巴黎人的

萬千家財。

（國王整整喝下一又四分之三瓶酒，把頭靠在桌面，昏沈睡去。）

玻里涅亞克夫人

近衛都退下了，陛下也睡著了。

阿爾托瓦侯爵

大家不妨叫他一聲「成人之美的好兄長」，活脫一根酒醉權杖。

王后

讓他睡個飽足，我們好好利用這個機會。

阿爾托瓦侯爵（在王后的嘴唇上吻一下）

說得真好。

（三個人都從桌邊起身。王后走向長沙發並坐下。）

王后（躺臥下來）

啊！這裡好舒服！

阿爾托瓦侯爵（把手伸到王后的裙裡，並用中指摳弄她的私處）

嘿！到這裡又更舒服了！

王后（對手指越動越勤快的阿爾托瓦侯爵道：）

哦？哎！……快住手，阿爾托瓦，我被你弄得快昏死過去。

玻里涅亞克夫人

怎麼，侯爵大人，您竟捷足先登，奪了我的權利？真討人厭！我可從來沒佔過您什麼便宜。

阿爾托瓦侯爵（快指絕活使他自己興奮起來）

我想，該把我這傢伙亮出來了。

（他在兩位貴婦面前展示那根人類的繁殖器）

王后（兩隻眼睛亮了起來，心口小鹿亂撞）

唰！這雞巴雄偉得厲害！玻里涅亞克，你說是嗎？

玻里涅亞克

這時跟您唱反調就是不仁不義了。

阿爾托瓦侯爵（伸一隻腿在王后兩膝間跪下）

讓我來插進這東西吧！

兩人對唱
王后

不要。饒了我，好哥哥；

輕一點嘛，你太用力，痛死我了。

阿爾托瓦侯爵

原諒我是意亂情迷；

這才進去半截，

我會保證溫柔對待。

合唱

阿爾托瓦侯爵

這才進去半截，

我保證會，

溫柔對待。

王后

饒了我，好哥哥。

輕一點嘛，你太用力，

痛死我了。

王后

幸福將我兩人合成渾然一體，

但請節制你那猖狂色慾，

讓我們淹沒在

歡快的怒濤中。

王后

嗯，現在舒服多了。

阿爾托瓦

怎麼！你不是說我太……

王后

快點，快點……
神魂顛倒的一刻啊！

阿爾托瓦

唉唷！你搖得真厲害
多麼稱心如意的動作啊！

王后

哎！唷！好棒……真好……我昏了，死了！

阿爾托瓦

請你笑納我這一泡。

合唱

在這甜蜜的春宵中，飲乾幸福的一杯酒。

（片刻鴉雀無聲，玻里涅亞克夫人注視著這幸福的一對，接著說道：）

玻里涅亞克

　　兩位撇下我在一旁，也不管我悶得多慌！幸好，兩位忙得不可開交的那時候，我一手拿著《夏爾特爾修道院的門房》[99]，另外一手可也沒有閒著。

王后（對阿爾托瓦侯爵道：）

　　啊！親愛的侯爵，你高潮的那一刻多麼甜蜜！看你弄得本宮魂不守舍……你剛才教我體驗了絕妙滋味，此刻本宮還在回味。

阿爾托瓦

　　希望我這充血雞巴不要善罷甘休。（指著自己依然昂奮的性器官說道：）你看，老二還能再戰一場。

玻里涅亞克

　　陛下慈悲，恩賜您悠閒的好時光；他鼾聲大作，肯定睡死了。

---

99. *Le portier des chartreux*，據傳作者為得・拉杜須（Gervaise de Latouche）的色情小說，出版於一七四一年。這本小說表面上在揭發十八世紀神職人員的淫蕩生活，然而實際上卻是宣揚性解放乃幸福要件之理想，並擅長以假天真的筆調描寫大膽露骨的性愛場面。

王后

哼！他自顧睡死，本宮倒生出一個靈感！

阿爾托瓦

什麼靈感呢？

王后

他該為我們的豔事效勞效勞。他這睡姿對本宮的妙想最有助益。都還沒有著手，本宮想到自己的巧計就已忍俊不禁了。

阿爾托瓦

那麼請你快快付諸行動吧！

王后

哎呀！說得好，本宮再也等不及了……我們自己先這樣做。（王后命令在國王的背部旁邊兩側各擺一張圓凳。玻里涅亞克夫人則一屁股坐在路易十六的背上，然後叉開雙腿，將腳踏在圓凳上面。安托奈特走向前去，從正面緊緊抱住玻里涅亞克，然後伸出舌頭，到她這心腹的嘴巴裡面攪弄起來。王后她那美臀舉世無匹，此刻自然而然呈現在阿爾托瓦侯爵的眼前。她向侯爵說道：）你呀，侯爵，該走哪一條路清楚

了吧。

阿爾托瓦

我就立刻上路。（他掀開那件上等細麻布的裙子，露出對方潔白如雪的臀，然後單用一手悄悄撐開淫慾之路，最後再將情愛箭矢射入極樂殿堂。正當女人兩條舌頭廝纏不休之際，正當彈性腰肢為求新的刺激不停搖篩之際，那個善解人意的心腹更伸出手指，輕巧騷弄殿堂門戶，所以侯爵也就繞道而行。）

王后

可憐堂堂一國之君！本宮確信，要是他在這節骨眼上醒過來，本宮也有辦法教他相信，他是誤解這場面了。他在本宮心中微不足道，本宮心裡渴望的事，也懶得勸動他來配合了。（向埋頭辦事的阿爾托瓦侯爵說道：）暫停一下。（又對公爵夫人說道：）玻里涅亞克，你也是。且讓本宮為我們這三人行的場面笑上一聲。我們這種姿勢夠格選入雅黑丹（Arétin）男爵出版的春宮圖集裡面……啊！（猥褻的安托奈特說到這裡停下來，而接續這玩笑話的是一陣春情無邊的靜默）。

上述整個過程都被某名近衛透過門縫看得一清二楚。他

誓願將這番景象編成格言–歌劇（Proverbe-Opéra）：這義大利文的格言便是：

Dimmi con chi tu vai, e sapero qual che fai.（告訴我你和誰走得近，我就知道你做什麼）。

然後，這名近衛又受那番場景啟發，寫了如下一段四行詩節：

四行詩節

在那國君的背部，
我瞧見惡行之母
陷溺於荒唐淫媾，
婊子王后放蕩侯

（巴黎國家圖書館，禁書書庫）

---

i　王后曾經向如今已作古的薩齊尼（Sacchini）學藝，尤其眷寵來自阿爾卑斯山另一邊的作曲家。王后只會在大鍵琴上面七零八落彈幾首奏鳴曲，只會在非請莫入的音樂會唱上幾首走了調的歌，獲邀的聽眾都是善於逢迎拍馬的無恥貨色。如此，她便以優秀的音樂家自居了。至於路易十六，你用力在大理石桌面上摩擦兩只銀製燭台，發出刺耳噪音，教人吃不消的噪音，據說聽在他那與音樂絕緣的耳裡都成天籟。他的音樂品味可見一斑。〔潑糞小冊作者原註〕

Bordel royal, suivi d'un entretien secret entre la reine et le cardinal de Rohan après son entrée aux États généraux

(s.l., 1789)

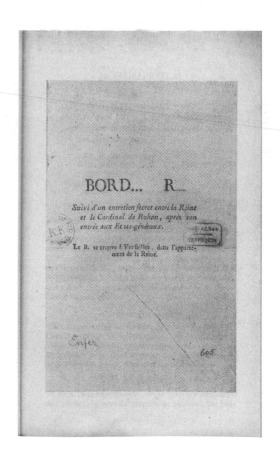

《王家妓院》

- 附記王后和參加
三級會議的侯安樞機
主教兩人間的密談

✕ 院位於凡爾賽宮，
王后的起居套間裡

王后以及她的貼身侍女

王后

　　先前，本宮心思被塞納河青蛙[100]的叫聲吵累了。現在總算可以消除疲憊，盡情享受維納斯聖地的種種歡快。自從小叔阿爾托瓦侯爵遭到流放，本宮以為日後註定守活寡了。還好不是，今晚就要接待 B 騎士、B 男爵、H 侯爵、R 主教。他們到來，本宮原先鬱鬱寡歡，如今就要轉憂為喜。本宮的性高潮最近一向仰仗你的指上功夫，先來聽聽你的意見。

---

100. 安托奈特常用來指巴黎市民。

貼身侍女

您真容易滿足……奴婢跟您就不一樣。自從我那丈夫得・拉・玻里涅亞克離開後，奴婢負責令您快活起來，至今有些累了。就算塞納河的青蛙氣得嘓嘓叫響，臣妾也巴不得阿爾托瓦侯爵和得・拉・玻里涅亞克趕快回來……這樣的話，就讓你們三個嗨成一堆好了。

安托奈特

你講這話可真放肆……唉呀，你着，通煙囪的人都快來了……去吧，準備六碗濃濃補湯，兩小時後，等本宮和他們酣戰一場，一起要來喝的。

貼身侍女

奴婢這就快去……不過還請王后不要戀戰。乾脆就讓丁主教他一人上陣就好……他很會幹，一個抵過四個。

安托奈特

你別操心……那樣的人就算來了六個，本宮也不怕的。你快去吧！命令你去準備什麼，就去準備……

（安托奈特走進王后套間，上述諸員已在該處恭候。王后發現他們已經脫得一絲不掛，陽具賁張勃起，隨時準備上陣。王后樂不可支，也想脫個精赤。無奈衣物上面結打太

多，儘管她恨不得趕快將那淫穴示人，一時之間竟也無法遂
願（她在婚前三年其實就已破了處子之身），於是取來剪刀
一陣亂剪。這時，她壓根沒想到，翻雲覆雨之後需用帶子繫
住襯裙。此女水性楊花，腦袋哪能想那麼多。待會兒我們要
看她出洋相了。）

騎士
（托著他的睪 ✕ 並且唱出如下歌詞）
　　　　晚安，安托奈特
　　　　看看我這東西，
　　　　瞧瞧我的鈴鐺，
　　　　我這粗大肉腸。
　　　　這個工具噗滋噗滋
　　　　我來快活撞你的門

安托奈特（打開愛情之殿的門）
　　唉喲！騎士，本宮沒法與你吟詩作對，我用散文體回答
你。天下有誰像你這位雙料天才，不但作詩，又是絕頂會 ✕。
本宮為你門戶洞開，看上的並不是前者，而是後者。後面這
項才是要緊，進來吧，門開了。

騎士（一手握住自己的屌）

愛情造就我的詩才……是您開啟我的靈犀……哦！爽歪歪又甜滋滋的好時光啊……

（於是，他騎上去……男爵、侯爵以及主教等不及了，彼此互睂屁眼。）

安托奈特（對互睂屁眼的人說）

好下賤的色鬼，看看你們的猴急相！就不能等騎士辦完事再說嗎？你們那一泡泡的子孫湯原該倒在我這大熱鍋裡。

主教

還多得很，甚至多到比您要的更多。我要把那熱鍋注得滿滿。

男爵

使不得啊，主教，這樣我就無處可洩。

侯爵

我想我的這泡不會無處可去。

王后

你們個個勇健……本宮看得透澈……和本宮交戰的都是

些既大膽又快活的高手。快吧，騎士，不要拖延；你騎本宮
未免騎太久了……現在輪到修道院長。

男爵

我才不要。我們都不答應，侯爵，一旦讓他騎上母馬 ×
弄起來，就說什麼不肯下來。

主教

儘管本座犧牲夠大，還是勉強同意兩位先上……你們肏
完，可要讓我稱心如意地來，這是補償。

安托奈特

修道院長，你今天可真是通情達理……就這麼說定了：
待會兒你愛做多久就做多久，來，亮出傢伙，侯爵，要 × 就
快，賞你十五分鐘 [i]。

（十五分鐘過去，接著 B 男爵也十五分鐘，最後輪到了
R 主教。）

王后

修道院長，快替本宮的 × 做洗禮吧……為我抹去原罪
污漬。有什麼比起你那汁液更有助於救贖呢？

主教

您說得對⋯⋯沒有什麼比起我這汁液更有助於救贖的了。這比聖水還要厲害！它使處女失去童貞，那一去不復返的童貞啊！要是五月裡染上小感冒，這水也治得好。要是能夠裝瓶去賣，那麼銷路該有多好！而這種水，我們卻笨笨地私下白白奉送給少女或是讓人誤以為是少女的，我是說呀，竟然把錢送給她們，真是錯事一樁。還有，這種水生產起來也辛苦，產量挺少。

安托奈特

修道院長，你就別再抱怨了。可也沒教你的寶囊損失太多。本宮可是花錢付過你那水的⋯⋯你來灌溉我的花園，前後十次，本宮不是教人賜你一個主教教區，除此之外，還拿好多間修道院打賞過你。那你還欠缺什麼呢？院長，快握起你的澆水器，快來滋潤本宮的花園哪！

主教

您的花園好像一塊海綿，甚至比起海綿還要厲害。海綿一旦吸飽了水，就已不再吸水，可是您的花園可不一樣，明明隨時澆水，卻不見它足夠潮溼。水才灑下去，花園轉眼又乾了。嗯，我知道⋯⋯您的花園跨在赤道，燥熱得很。

安托奈特

又能怎樣？這也無可奈何。我這花園需要經常澆灌。要不如此，表面就會結出乾燥厚層。趕快趕快⋯⋯本宮像火在燒⋯⋯

（主教壓騎上去，一待就是半個小時。）

騎士

院長，俐落一些，怎麼騎那麼久！教會的人都是這付德性，一旦讓他爬上維納斯的寨子，如何都不肯割捨了。喂喂，主教，該下來了，大美女百依百順，但我看她累壞了。

安托奈特

快快鬆開，你這個嗜屍如命的。現在就下去吧：大家該喝碗濃湯了。今天玩得盡興，本宮召喚侍女進來。

（王后立刻拉了拉鈴，修道院長站起身子，貼身侍女端進五碗濃湯。）

貼身侍女

來吧，小伙子們，這給各位補補身子，各位挺需要的（他們每人端起一碗。）（貼身侍女向王后稟告道：）王后，您接下來可以接待侯安樞機主教嗎？他來這裡向您致敬。可不可以讓他進來，恭請明示。

安托奈特

本宮樂意，我要裝出與他和解那種樣子⋯⋯上回本宮對他設下埋伏，竟讓他打贏了，所以本宮現在最好擺出好臉色來。如此，就能使他忘掉本宮對他放的暗箭。各位好朋友啊，你們現在輕手輕腳先到那個房間裡面，那裡有幾張床。各位剛才埋頭苦幹，去歇著吧。千萬不要發出聲音。

（眾情夫皆遵命退下。王后立刻拾起襯裙，這時侯安樞機主教上場。）

王后

啊！您來了，樞機主教。請您包涵。本宮還沒有穿上襯裙呢。裙帶都斷掉了。親愛的樞機主教啊，方不方便請您幫我把結打好，本宮不知道該如何感謝您呢。

樞機主教

微臣樂意。（他開始盡起臣屬的義務。他為王后穿上襯裙，同時把手伸到下面，不是去掏口袋⋯⋯而是⋯⋯）

安托奈特

本宮在開三級會議[ii]的時候看見您，實在高興，也希望您對本宮不再心存芥蒂。您在王上跟前失寵是由本宮引起，本宮甚感懊悔。

樞機主教

微臣真心真意不跟王后計較。不過，請允許微臣向您陳述一些個人的淺見。四年以前，微臣首次有幸瞻仰王后芳容，如今請您允許微臣向您敞開心胸：請教王后，微臣為何不討王后歡心？

安托奈特

本宮以前就不想再談起這個話題，本來希望樞機主教您也將它遺忘。可是既然您開口問，本宮就扼要向您說明吧。記不記得有天晚上，本宮要求您來陪睡，您卻回答本宮「隨後進殿拜見」？結果您爽約了。後來本宮聽說您去了拉・莫特公爵夫人家裡。當時，本宮對於您的不智之舉大為光火，因此，從那時起，本宮發願與您誓不兩立。不過，那件事情本宮早已拋到腦後。從今以後，咱們可要好好相處才是。

樞機主教

微臣對這件事記憶猶新。微臣自認問心無愧，畢竟當天稍早微臣已獲王后寵幸四次，那時需要好好休息。難道王后不該稍微給太子的父親（也許他也是公主的父親）留點顏面？

王后

好吧，算我不對。我們就和解吧。一起忘掉過去。以後您就和我永永遠遠做個地下夫妻。本宮將會渾身解數到王上的面前說你好話。

樞機主教

這樣再好不過。可是您恐怕也無法替微臣掙回王家御用神父的職位。蒙莫杭西（Montmorency）樞機主教絕不甘心辭職。

王后

主教絲毫不必擔憂。本宮保證您一定能復職。既然先前本宮有本事把您撤換掉，如今也用同樣手段對付麥次（Metz）主教。本宮只要到王上面前撒撒嬌，然後往他喉嚨灌進兩瓶好酒，這樣就能搞定。只消使出這招（王后摟住了樞機主教的脖子），他就言聽計從了啊！好了，最親愛的樞機主教，請忘掉過去本宮對您造成的困擾。不必等上多久，本宮就會告訴您復職的開心消息，不過，在此之前，本宮希望您能幫個小忙。最近，巴黎出版了本宮的傳記，書名叫什麼《拉・莫特夫人回憶錄》的。請您命令沒收，一本也不可以遺漏，然後全部搬來本宮面前。

樞機主教

這事恐怕很難辦到，因為巴黎幾乎家家戶戶都有一本。請您別再提這件事。請您想開一點。法國人腦中的印象很是容易扭轉。請聽微臣建議：如果您想重獲他們敬愛，那就慷慨賞賜他們。此外，起床後睡覺前都向上帝禱告，然後將這善舉宣揚出去。微臣向您保證，現今凶惡詆毀您的那些嘴巴將會熱烈把您頌揚。

王后

本宮已把您的建議聽進去了，今天就開始實行吧。以後如果您想出火，偷偷來這裡便是了。反正神不知鬼不覺。從今以後，本宮要以虔誠教徒那種面目示人。

樞機主教

好個妙計。今晚微臣就來陪睡。微臣先把一名家僕打扮成為我的模樣，然後派他去微臣在巴黎市的宅邸。大家都會以為微臣回到城裡。今晚就讓我們努力造人，再搞出個諾曼第公爵 [101] 來！微臣先行告退，晚上再溜回來。

---

101. Duc de Normandie：法國王子路易－查理（Louis-Charles，路易十六次子）在其兄長（第一任太子）去世前曾擁有諾曼第公爵的稱號。但在他的兄長去世後，保王黨人即宣佈他為國王路易十七（1789年）。

王后

就這麼說定了。本宮等你。

（巴黎國家圖書館，禁書書庫）

....

i　那個好色女人她的閨密私語就是這樣。我們一字不漏將交談的內容如實重現。
不過，如果指的是真正的「對話」，那要等到下文侯安樞機主教到場之後才會
開始。我們準確描述當時所發生的種種，這點還望讀者多多包涵，我們不過只
是那個美莎琳娜的照妖鏡罷了。〔潑糞小冊作者原註〕

ii　奧地利皇室祖傳的看家本領似乎就是虛偽。歐洲所有其他的朝廷都不信任維也
納。她把這份虛偽當成粧奩，陪嫁來給我們的好國王路易十六。各位看看，她
在對話中表現得多麼虛偽。面對打算補捉仔虎的人，母虎生出來的狠勁也強不
過她對侯安樞機主教的那陰毒。儘管王后對他觀感不變，卻還裝出了好臉色。
明眼的讀者很容易便猜得出原因。〔潑糞小冊作者原註〕

La Ligue aristocratique ou les Catilinaires françaises
(Paris, 1789)

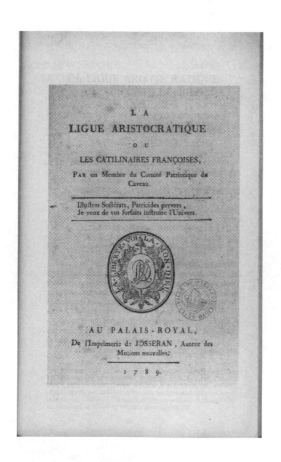

《貴族同盟：或稱法蘭西的陰謀集團》

作者為卡佛愛國委員會成員

臭名的惡棍啊，陰險的謀反者，
我要將你們的惡行公諸於世。

王家宮殿
約瑟杭印刷廠
專門報導最新事態

一七八九

你們頭戴冠冕，卻甘心為復仇女神作倀。種種叛逆、褻瀆行為，你們皆是共謀罪犯。你們國王天下最好，你們卻是危險臣民，又是最強大帝國的有害公民。你們以煽動性陰謀企圖顛覆祖國，應該揭發你們，並且唾棄你們那可憎的姓名。

沒錯，就是你，放蕩的親王，好個不像樣的王弟，策劃煽動並且挑起仇恨的正是你那邪惡的靈魂、那狂暴的心智。

在某一個淫婦 i 的內室裡，坐在沾滿罪惡的沙發上，你們這群王國貴族、凌虐人民的人、王后的黨羽、國王的敵人啊，你們在妖僧維爾蒙 ii（Vermond）的指揮下，在玻里涅亞克的胸口，也就是在罪惡祭壇之上宣誓謀反。

在同樣的地點，同盟的第二號首領，亦即孔提 iii（Conti）

以及孔戴（Condé）親王，號召盧森堡（Luxembourgs）和埃南（d'Hénin）等等騙徒、當特黑格（d'Antraigues）這個叛逆以及陰狠的戴普賀梅尼（Despréménil），讓他們群聚在那個無情冷血、放蕩不羈的奧地利女人身邊。三個姓考尼[iv]（Coignys）的刺客，外加莒哈斯（Duras）和文提米勒（Vintimille）等專幹暗殺劣行的家族也都偷偷摸摸去到那裡，外加不顧名譽、只顧享樂、自甘墮落的歐提商（Autichamp）伯爵以及紀須（Guiche）公爵；此外，下賤的莒哈雷（Curalex）、吉聶（Guignes）以及玻里涅亞克等家族成員也卑躬屈膝地在那場所出入。

在蒂埃西（Thierry）那個卑劣奴才的帶領下，用夜色做掩護，另有其他二十幾個謀反的人參加了那場惡魔的會議。在這種群妖的夜聚之中，唯一光源便是他們那因盛怒而光芒閃爍的眼睛。這些該受唾棄的人圍成一個個小圈子，商量如何出賣國家以及顛覆王室。這邊的小圈子包括科塞（Cossé）、沃德賀伊[v]（Vaudreuil）、馬宜（Mailly）、貝赫席尼（Berchigny）、蒙塔涅克（Montagnac）。另外一個則是考雅（Coilla）、索瓦熱伊（Choiseuil）、莫茲（Meuse）、賽杭（Serrant）和沃德蒙（Vaudemont）。再過去那個的份子計有布賀德伊（Breteuil）、蒙泰居（Montaigu）、波泰勒（Bostel）和納爾朋（Narbonne）。下面一個便是蒙托濟埃（Monthosier）、艾瑪居賀（Esmagur）、馬赫泰勒（Martel）

（他們商計如何可使祖國分崩離析）、夏特雷（Châtelet）、布侯黎（Broglie）和貝桑瓦勒（Besenval）（這些傢伙摩拳擦掌，準備要將首都付之一炬）。

叛徒之中尚有一個公主以及兩個侯爵夫人，或乾脆稱她們為復仇三女神，分別叫做得‧摩納哥（de Monaco）、得‧朗貝提克（de Lambertyc）和得‧歐提商（d'Autichamp）。她們穿梭於各小圈子間，手裡搖晃火把，焰舌好似毒蛇嘶嘶吐信，照亮並且鼓舞那些可惡謀劃。

懂秘術的神學家曾說過，這些魔鬼平時不斷作惡，竟然祈求地獄勢力協助他們，並為那些勢力設置祭壇，而且不斷禱告，同時獻上瀆神祭品，目的在於摧毀我們強盛的帝國啊。人家還說，藉著這種迷信儀式，其組織已擴大成為擁有八百個秘密會員的團體[vi]。

圍繞在那殘酷王后身邊的瘋狂鷹犬到底在玩什麼把戲呢？他們和各部長暗中勾結，賣官鬻爵，或是用心算計，和那庶民階級通婚，或是將率領艦隊以及主導商業的兩種權柄結合起來，或是運用金錢以及美色令司法界腐敗下去，或是下令關閉法院，剝奪人民受公義庇護的權利[vii]。他們與那教會高層合謀，並且恬不知恥，唆使後者高舉反叛旗幟。

沒錯，你們這些怪物，你們那個組織極其齷齪並且圖謀人命，所幹過的惡行不止上述那些。你們囤積穀糧，混合毒藥磨粉，然後高價賣給我們當作維生的必需品，但我們買來

的竟是死亡 viii。富隆（Foulon）[102] 卑鄙，索維尼（Sauvigny）[103]
真混帳，你們是他們的同夥。你們和他們都一樣，應該讓人
將墮落的心挖出來，再將你們那惡貫滿盈的身軀拖在爛泥巴
裡。

　　現在，我回頭來談談國王近親。這些污穢貴族便是危害
國王的三巨頭；我要高聲揭露你們那教人厭惡的計畫。因那
計畫，美德喪失後盾，賢臣內克爾（Necker）離開路易十六
的政府 ix；你們屠殺三級會議代表，企圖令十六世紀宗教戰
爭期間的「聖 - 巴爾泰雷米大屠殺」事件重演一次。

　　這種慘劇差一點就發生，所幸那些原本忠心耿耿的瑞士
籍傭兵並未服從阿爾托瓦侯爵這個殘暴將領 x，否則，他們已
經利用千支火炬，將歷代國王的宮殿燒毀，合法的繼承者也
會葬身火窟，而巴黎市就成為第二座特洛伊城；法蘭西則會
被鮮血之河淹沒，人民將被篡位者的黨羽屠殺；假如此事果
真發生，那些無辜犧牲者的冤魂必然回來索命。

　　真是奇人奇事！你們當中某一個人竟想裝出德性高潔模

---

102. 1715 ～ 1789 年，法國政府官員，1989 年 6 月間取代內克爾出任財政部長，傳
聞他負責調度集結在巴黎附近的勤王軍隊，且又暗中囤積穀糧，曾說過人民如
果嫌穀價太貴「就去吃草」的話，是大革命期間首批被處決的人。7 月 22 日當
天，他在巴黎市政府前廣場以 74 歲的高齡受絞，市長巴伊與拉法葉將軍在場
坐鎮，然因繩索斷裂改處斬首之刑，然後頭顱被以尖棍刺起遊街，心臟也被挖
出塞入白康乃馨的花束裡。

103. 1737 ～ 1789 年，法國政府官員，上文富隆的女婿，與其岳父同一天遭受處決，
並被碎屍示眾。

樣，虛情假意表現對國王的敬愛之意，可是你們此等腳色幹
這種事豈不啟人疑竇。我們將會仔細審視他的心思，我們將
摸透他那污濁的複雜心機，大家倒要看看：長久以來，那個
無能傢伙因縱慾而幹出各種下流行為，如今是不是禁得起美
德照妖鏡的檢驗。

你們這些惡名昭彰的壞東西，雖說你們那套詭計無法得
逞，但是暴怒遲遲平息不了。你們其中有六個人率領五萬凶
手以及一百炮兵蹂躪鄉下地方，原本打算一夜之間屠盡所有
公民、燒毀首都。在此之前，已有六千名日耳曼的匪徒侵擾
巴黎。朗貝斯克（Lambesc）那個比起自己坐騎還更衝動的人
竟然馬不停蹄直驅我王御花園裡，而且膽敢鎮壓群眾，毆打
他們，踢翻他們，制服他們，就連老弱婦孺也不放過[xi]。

幸好老天有眼，惡人陰謀化為烏有。短短一天之中，我
們揭露了他們的詭計，而且中產階級社會立刻搖身一變，變
成了鬥志高昂的軍團，消滅了他們的匪徒，沒收了他們的武
器以及軍需食糧。不管什麼也都無法阻擋我們。我們攻破傷
殘軍人館的大門，又在佔領巴士底監獄的行動之中告捷。我
們殺了兩名叛徒以懲效尤。我們所憑藉的勇氣，連羅馬人也
許都要稱羨，我們所倚仗的功績，子子孫孫都將深信不疑。
叛黨原本認為一七八九年七月十四日我們的這帝國將要傾
覆，誰料反而成為帝國自由勝利的紀念日[xii]！

若將那些由仇恨驅使的秘密惡行公諸於世，本人並不害

怕，因為我為同胞們的勇氣感到驕傲。他們高坐在榮耀的戰利品上，那是巴士底監獄的斷垣殘壁。他們踩踏著那座監獄傾倒崩壞的塔樓。是的，貴族陰謀集團以快樂的面具遮掩盛怒，在夜間放蕩的狂歡之際 xiii，他們一面策劃消滅我們，一面因為神秘的淫樂而昂奮，跳起最猥褻不堪的舞蹈。他們拿自己當祭品向維納斯獻祭，向那愛神供奉牲禮，並且以酒澆地，崇祀陰莖勃起之神普里亞普斯（Priape）。盡是一些狂暴份子追隨他們，麕集在血腥旗幟下，如同被鬼附身似的。也是出於仇恨，安托奈特在她懷中藏槍 xiv，準備殺害那清君側以及解救祖國的人。同樣，也是由於那顆仇恨的心，他們才將王室各處度假行宮轉變為謀反的巢穴。仇恨火上加油，煽動並且引導那些惡棍日復一日竊取我們所擁有的火藥以及軍需，又使他們大量仿製我們穿的制服，以便掩飾自己幹的叛亂行動 xv。出於相同仇恨，我們才會在自家的地窖裡面發現他們扔進來的易燃布條 xvi；他們並且發明新式炸藥，打算夷平我們住的房舍。若非受那仇恨挑唆，我國外省地區也不會每天冒出雜七雜八的黨派；正是由於這種仇恨，蒙泰居才會執行慘絕人寰的計畫，炸毀甘塞城堡，導致數千名賓客喪命在如山高的石礫堆中 xvii。

若不是這種冷酷無情的仇恨，那是什麼才教一個已經幹出亂倫勾當的好弟弟得寸進尺、意圖犯下弒兄這種駭人罪行？那天夜裡，他的陰謀差一點就得逞，好個驚怖的夜！幸

好艾斯蕩（D'Estaing）秉持著對國王、對祖國的一片赤忱，發現這個見不得人的大陰謀，並且阻止這項血腥計畫付諸執行。阿爾托瓦侯爵乃是三重惡棍！竟想謀殺待他有如朋友般的兄長、國王！像你這種斗膽的人，但願你被放逐出去，忍受到處浪跡的貧賤命；但願你受人民憎惡，宮廷之中不再有你立足餘地 xviii；但願你在磨難以及懊惱之中懺悔。最後，但願我們子子孫孫不管是誰，一旦回憶起你，便要開口將你咒罵。

本人的心震驚不已，這些罪大惡極的事在我心中縈繞不去，本人再也描述不下去了……不過，我又聽見什麼事了？在我們這地區，大家讀到一封激動而又教人鼻酸的信，此信出自一些可憐子女的手，都是臭名遠播那批惡棍生的子女。這些倒大楣的年幼子女只想聲明自己無辜，並為自己告白討饒……唉！教人不捨的代罪羔羊啊！我們只能哀憐你們，不將你們株連進去。生育你們的人也正是教你們不得翻身的人，彷彿承繼他們血脈，本質就是罪過！不管哪種毒蛇，牠的血化成的還是毒蛇。你們不如放棄貴族身分，令道德淪喪的那種身分！快逃離你們父親的原封地吧！重新起個不顯眼的姓氏，與其幻想自己能有多少機會繼承王位，倒還不如踏實坐在牧羊人的粗陋木凳上呢！

至於你們這些被人民唾棄的王室血親，你們這些偷偷摸摸的罪犯啊！說到你們這些日趨下流的貴族們、陰謀造反的

公民啊！本人要以暴力抗拒你們所煽動的仇恨，要以祖國的名義向你們宣告，祖國如同你們的母親和女王，我以祖國的名義向你們宣告：我們以父親的身分禁止你們濫用暴虐權力，或用封建的各種義務使我們身陷桎梏。不妨保留你們那霉味撲鼻的貴族頭銜，繼續幹你們的貴族，我們一點也不嫉妒。我們都是光明磊落的正直人，這樣更有價值。好好經營管理我們的軍隊，嚴格訓練我們的士兵，如此便已足夠。

本人再向你們鄭重宣告，如果各位還想拿些沒作用的伎倆應付我們[xix]，或是運用詐術，橫生犯罪意圖，如果你們不肯趕緊心悅誠服，融入這個曾被你們各種惡行所玷污的祖國，我們就不准你們參與上議院的運作。少了你們，少了向你們搖尾乞憐的教會高層[xx]，我們自己也能組織起來。你們應當回到善德善行的翅膀下，在那路易十六的監督下，接受陛下唯一的朋友賢臣內克爾，讓我們共同為祖國的重生而努力，同時也為摧毀罪惡、確保國王的幸福而攜手。

（巴黎市立歷史圖書館藏書）

---

i　以這外號來稱呼她真是名副其實，因為王后色慾熏心，在套間裡愛撫淫蕩女子畢基尼、聖・梅葛杭、科塞、馬宜以及蓋曼奈、玻里涅亞克、得・拉・莫特等等，又在花園裡和下面這一群登徒子搞七拈三：迪雍、考尼、貝桑瓦、沃德賀伊、康彭、巴贊外加不要臉的維爾蒙修道院長。〔潑糞小冊作者原註〕

ii　根據《瑪麗・安托奈特生平之歷史評論》（Les Essais historiques sur la vie de Marie-Antoinette）中的說法，維爾蒙修道院長是個既腐敗又卑鄙的臣子。請特別參考註17。〔潑糞小冊作者原註〕

iii 王家宮殿那邊盛傳：孔提親王曾經寫信給幾個貴族，鼓勵他們要撐下去，將來一定能等到好時機。〔瀲糞小冊作者原註〕

iv 這三個人其中一個正是長公主的生父。〔瀲糞小冊作者原註〕

v 他是太子的生父。玻里涅亞克那女人，有一次生小孩不方便，暫把沃德賀伊借給王后用用，有沃德賀伊在，保證生個男的。〔瀲糞小冊作者原註〕

vi 大家知道，十六世紀舊教同盟年代，迷信之風使得神父在彌撒的過程幹出什麼事情。〔瀲糞小冊作者原註〕

vii 這些事實每件都是眾所皆知，用不著拿證據。〔瀲糞小冊作者原註〕

viii 最近巴黎流行一句諺語：袋袋小麥都用紅藍繩子綁起來的。〔瀲糞小冊作者原註〕

ix 我們不忍回想：阿爾托瓦侯爵運用什麼羞辱人的手段、丟出什麼殘酷的威脅對待內克爾先生，目的只為逼迫他離開財政部。種種惡狀已記載於其他的作品裡。〔瀲糞小冊作者原註〕

x 因為內克爾被撤職，巴黎民眾於六月二十四日暴動。阿爾托瓦命令瑞士傭兵對著民眾開槍，但為他們所拒。〔瀲糞小冊作者原註〕

xi 群眾指控他下毒手殘害的那個老人家並沒有死，但是傷得不輕。〔瀲糞小冊作者原註〕

xii 一七八九年七月十四日。〔瀲糞小冊作者原註〕

xiii 該場舞會已有報刊加以披露，例如《黎明報》（Point du Jour）或是《菲力普新聞》（Les Nouvelles Philippiques）等等。〔瀲糞小冊作者原註〕

xiv 根據多名證人指稱，七月十七日星期五，奧爾良公爵清早便晉見路易十六，目的在勸告他親赴巴黎撫慰示威群眾。國王的貼身侍衛請求公爵順便拜見王后，而國王也想來看王后。王后看見自己的政敵由丈夫陪同前來，當場昏了過去。侍從為她寬衣急救，看見一把手槍從胸口掉出來。〔瀲糞小冊作者原註〕

xv 八月十二日星期二，民眾扣留了三艘大船，並在船上查獲至少二萬套步兵前鋒菁英部隊（Grenadiers-Royaux）的制服。〔瀲糞小冊作者原註〕

xvi 八月八日星期六，有人在巴黎街頭發現一籃籃塗了硫磺的布條。經過調查，不少布條已被仍進民宅的地窖，其中包括聖彭（S. Bon）路的一家細木作坊。〔瀲糞小冊作者原註〕

xvii 一七八九年七月十九日，柏桑松（Besançon）市議會顧問蒙泰居（Mesmai Montaigu）在自家的甘塞城堡舉辦舞會，然後自己將其炸垮。〔瀲糞小冊作者原註〕

xviii 三個顯貴逃到布魯塞爾，又在喜劇院中遭到觀眾羞辱。〔瀲糞小冊作者原註〕

xix 一七八九年六月三十日，理姆斯區（Bailliage de Reims）的代表丹布理侯爵（comte d'Ambly）發誓，他的選舉人逼迫他只能聽從命令行事。來自同一區的代表得·席勒西先生卻拆穿他的謊言，並且舉出他們的意見書（cahiers）裡的條文，證明事實正好相反。請參考《凡爾賽新聞》，宇赫波瓦路，第 24 期。〔瀲糞小冊作者原註〕

xx 就社會秩序以及政治秩序而言，這一些人實在都是來者不善，而且人數高達一千。〔瀲糞小冊作者原註〕

Description de la ménagerie royale d'animaux vivants, établie aux Tuileries, près de la Terrasse nationale , avec leurs noms, qualités, couleurs et propriétés

(s.l.s.d.)

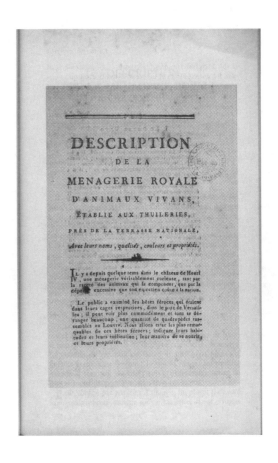

《概述王室動物園的活獸》

記錄於杜樂利宮
靠近國家廣場處

有關牠們的名字、素質、
顏色以及特性

不久之前,在那亨利四世的宮堡中設置了一座真正教人好奇的動物園,其中活獸十分珍罕,但是豢養工作所費不貲。

更早以前,那些猛獸都被關在凡爾賽宮花園各自的獸籠裡。如今,這些四腳野獸都移到羅浮宮去了,民眾不需大費周章便可輕鬆加以觀覽。我們將在下文介紹這批猛獸當中最值得注意的,指出牠們的習性和癖好,還有牠們的攝食方式與特質。

壹、國王獸

這隻動物身高約莫五尺五寸,而且和人一樣,都以後肢行走,並有淡黃色的體毛。牠的目光呆滯,嘴縫很寬,紅鼻大耳,而且鬃毛很少。牠的叫聲很像豬哼,但卻沒長尾巴。

牠的食量奇大無比;不管你丟給牠什麼,牠都一律狼吞虎嚥下去,而且隨時酩酊大醉,從起床到就寢不停地喝。

不過這國王獸卻和野兔一樣膽怯畏縮，又和鴕鳥一樣愚笨。造物主造出這樣一隻肥碩的野獸似乎很感遺憾。

光是牠的飲食每年就要耗費二千五百至三千萬，但牠不因如此便顯露出感激之情，反而還要處處跟人作對。由於秉性粗鄙而且狡猾，牠經常衝撞國家廣場的圍牆，導致鼻梁歪掉。此獸大約三十四到三十六歲，生於凡爾賽宮，大家給牠起了「路易十六」這個渾名。

貳、王后獸

和國王獸配對的那一隻母獸是從維也納進口的怪物，以前豢養在泰瑞莎女皇的宮殿裡。泰瑞莎這隻頭戴冠冕的老母猴極可能癖好異常，必定找了隻熊或老虎來交配，才會生下瑪麗-安托奈特。

這頭怪物今年三十三歲，是在荒淫國王路易十五時代（好一段令人作嘔的歷史啊！）被引進法蘭西的。她從母國帶來虛偽習氣，然後又吸收了這裡戴冠之野獸的天生陰險特質，起初以天使的溫柔之姿出現在人民面前，以致大家歡呼：「王后萬歲！」。等到她確定了，只要擺出幾個身段，即可博取一些游手好閒之徒的好感，她就把面具摘掉，露出真面目來。

人家因為政治考量，才把她嫁給成天只會製造鎖具和門

門的傻瓜。她像敘拉古斯的德尼（Denis de Syracuse）[104]一樣，很快就會善用巧思。為了消遣娛樂，她也不惜耗費鉅資，勞民傷財。大家就只聽說她遊幸雄鹿公園（Parc-aux-Cerfs）[105]啦，巴卡戴勒宮（Bagatelle）[106]啦、凡爾賽花園裡的特里亞農宮（Trianon）啦。又聽說她從四面八方邀人參加眾所周知的交際會，而每次那頭國王獸不過就像便桶一樣惹人嫌惡。大家有興趣的只是阿爾托瓦家和玻里涅亞克家的母獸們，或是沃德賀伊（Vaudreuil）[107]以及衛士，或是侯安樞機主教以及卡里歐斯特羅（Cagliostro），或是項鍊以及不幸死於毒藥的歐莉瓦（Oliva）。上天再也不能容忍那奧地利女人安托奈特的罪行，因為她嘲弄人民和國家。人民站起來了，你看這個奧地利的妖婦將小孩抱在懷中（那是太子），押送她的正是那一雙雙她本來要扣上手銬的手。於是凡爾賽的動物園被搬到巴黎來了……後來，這頭王后獸又和一隻名為拉法葉的畜生合謀想出一個逃出國境的主意。拉法葉這隻變色龍掩護喬裝成寇爾夫（Korff）男爵夫人的王后溜出巴黎，而法蘭西國王路易十六卻扮成她的小廝。途中要是其他哪隻雄獸發情

---

104. 約西元前 432 ～ 367 年，統治西西里島敘拉古斯（Syracuse）城的暴君，曾經征服義大利南部以及西西里的幾座城市，並抗拒迦太基的勢力。他被遠古史家視為典型的暴君：殘酷、多疑、有仇必報。
105. 據說雄鹿公園建於路易十五時代，是這位國王窩藏情婦的地方。
106. 由安托奈特督導，完工於 1777 年年底的遊樂型別宮。該宮位於巴黎西郊布隆森林內，設有首屈一指的玫瑰園。
107. 1740 ～ 1817 年，路易十六的朝臣，據說是安托奈特心腹玻里涅亞克公爵夫人的情夫。

了，說不定國王還會被趕出車廂站到後面去呢……總之，這一夥人最後被逮捕並遣送回去巴黎。只是回到首都之後，他們反而更加處心積慮進行密謀。奧地利的瑪麗 - 安托奈特就這樣擾亂自由法蘭西的和平，並以此為取樂手段。

最近有名妓女因為羞辱了一位公民而被判入醫院監禁六個月……要是我們就事論事，審判瑪麗 - 安托奈特……那麼想必她會在硝石礦醫院找到臭味相投的人。

王后獸的身材高大，但是長相醜陋、滿臉皺紋、精力衰竭、疲乏不堪，而且人格卑劣教人驚恐。由於我國一向容忍暴君，這種不智之舉造成這隻動物恣意吞噬法蘭西的錢財，以後還會把人民一個一個吃下去。

參、太子獸

我們沒有必要對太子[108]說三道四的。我們曾注意到，腐朽的樹木上有時也會抽出新芽……可是，太子是哪個的種呢？但願人家不要像毒死他哥哥[109]一樣將他害死才好！

---

108. 路易 - 查理（Louis-Charles，1785～1795年），路易十六次子，1789年6月被封為太子，路易十六被處死後，太子改稱路易十七。
109. 路易 - 約瑟夫（Louis-Joseph，1781～1789年），法國國王路易十六和瑪麗 - 安托奈特王后的長子。他在1789年法國大革命前夕患肺結核夭折，之後他的太子名號歸其弟路易 - 查理繼承，後者史稱路易十七。

肆、長公主獸 [110]

這隻小雌獸日後毫無疑問會變得像法蘭西角（Cap Français）[111] 專吸奴隸鮮血的那種蜘蛛一樣，因為才小小年紀她就傲慢得很，或許她母親那些惡習她已件件嫻熟。訓練她隨便做哪個行業都行，這是個好主意。將來不當王后的話，替人縫縫補補也是可以的呀。

伍、伊莉莎白獸

國王獸的妹妹雖然長得漂亮，但是生了一副蛇蠍心腸。這個壞女人巴不得見到整個國家分崩離析，她自己則分食那暴君的飼料，反正她是吃得又飽又好……到底是誰包養了她？

陸、普羅旺斯侯爵獸

在這隻國王獸的弟弟身上，你可以找到千倍於狐狸的狡猾和算計。

這頭虛偽的怪物聽說法弗拉（Favras）[112] 牽連了他，於是一等他死，便兩腿夾著尾巴，大陣仗地前往巴黎市政府，向全民同胞保證自己支持行憲的立場。你看，現在他溜去了日

---

110. 指瑪麗 - 泰瑞莎（Marie-Thérèse，1778 ～ 1851 年），路易十六夫婦的長女。
111. 法國殖民地海地島北部的港市。
112. 1744 ～ 1790 年，法國貴族兼政治家，大革命之後為保王黨的中堅份子，後受絞刑而死。

耳曼的考布林茲（Coblentz），丟下一屁股債，一心只想煽動那邊的小狼崽子來反對我們。

普羅旺斯侯爵獸和他兄長路易十六一樣都很粗暴，一副奸詐陰險樣子……整個波旁家族就是聖經中該隱的後裔，嘴臉掛著上帝永世處罰的判決以及他們祖先的恥辱。我們就不提他的那些習慣了；以前他老喜歡咬手指甲，將來哪天說不定會因為和叛徒們廝混而啃起自己的指頭。他在那幫人當中總不忘以罪行來炫耀自己。可是，一旦這頭從王室動物園溜出去的畜生被人逮住一次，那麼小心路薏絲 ^i 伺候了！

柒、阿爾托瓦侯爵獸

阿爾托瓦侯爵獸活像一條極毒的蝮蛇，不過身軀輕盈矯捷，也許算是王室動物園中最俊俏的一頭畜牲，但是凶惡程度可是不落人後。

這頭野獸傷風敗俗，好色程度可比一頭公豬 ^ii，且和路易十五一樣沒羞恥心，又像朝廷那一班猥褻下流的臣子，縱慾程度令人髮指。大革命的前夕，阿爾托瓦展現的是各種敗行以及一顆生來註定為惡的心，牠那反革命的作為教人側目，但是在此之前，便已幹出多少可恥的事！

和那國王獸相好的女人，也就是思春的安托奈特，可沒逃過牠的賊眼。牠覺得對方很值得花上力氣釣她一釣……巴卡戴勒宮、凡爾賽宮園林裡的特里亞農宮或是默東

（Meudon）城堡[113]，不然小樹林或是岩洞中，處處見證了牠們的淫聲穢行……阿爾托瓦拈花惹草的對象不僅有公主名媛，也有娼婦妓女。反正說到這碼子事，牠是沒有階級觀念的啊！不僅無恥放蕩，牠還不信天主。牠這畜生相信：任何原則都可破壞，只要揚起鞭子，那些原本生而自由的人就會匍伏在牠腳邊！我們待會兒再回頭來談這頭凶惡野獸。說到這裡，我們也不要忘記另一頭愛好吹噓說大話的野獸，那就是國王獸的堂兄弟、逃到國外去的孔戴（Condé）公爵[114]。我們檢視一下敵人們的行為。我們不必再對他們進行無用讚賞，而是要徹底同他們周旋。有件事對我們十分重要，對自由的孩子們很重要：昭告那些支持奴隸制度的人，無論如何我們都將不受撼動。我們滿懷憤慨，拒斥法蘭西、柏林或是維也納各宮廷給予我們的種種陰險建議。

　　說句實話，除非瘋子，否則有誰寧可要舊政權而抗拒新政權？……有誰會說：如今這種嶄新局面無法維持下去？大家已見識到，路易十六不講道義，根本不配統治我們。

　　我要證明自己所提出的論點：路易十六是貴族黨，或者是愛國主義者。

　　如果他是貴族黨的，那麼我要請教隨便哪個反革命的份

---

113. 穆東係位於巴黎市中心西南方約 10 公里的小鎮。當地的穆東古堡建於十六世紀中期，路易十四將其買下，日後成為貴族社交的生活重心。1871 年毀於普法戰爭。
114. 此指第八世的孔戴親王，1736 ～ 1818 年，法國大革命期間的流亡親王。

子：路易十六難道不是這黨派懦弱的領袖？貴族對於國王加諸他們身上的那痛苦真能不計前嫌？他們會把路易十六視為捍衛他們的人？還是他有本事武裝起來？人家可以在他面前毫不客氣一腳踢在貴族的屁股上……貴族不是要護送他到蒙梅迪（Montmédy）[115] 去嗎？人家拆穿這項詭計，路易十六只能任人擺佈。可憐的路易十六啊，你難道還看不出來，貴族階級一心一意只想到恢復舊政權，只想恢復自己所隸屬的階級以及修道院的制度，目的只在將你逼下王位，然後鎖進修道院裡。到時，你被剃光頭髮，穿上僧侶穿的粗布罩衣，過著慘澹澹的卑微生活，那你就會恍然大悟：被你妻子口口聲聲稱為親愛士紳以及聖潔神父的人，將是永遠瞧不起你的人。

現在，我想知道，路易十六從哪方面看算是愛國主義者呢？

瑪麗－安托奈特，請你回答我們，你是怎樣控制你這丈夫的心？是你巧妙操弄，導致你的丈夫萎靡魯鈍；臣下沒有辦法面見陛下，因為「陛下醉酒」；臣下不能進言，因為「陛下正在製鎖」；臣下不能進言，因為「陛下出去打獵」。

而你，忙著一場又一場的歡愛，一椿又一椿的陰謀！你以路易十六之名統治，你以威權君臨天下。多麼卑鄙、傲慢，多麼大膽、口是心非，表面儀節周到，可是私下玩的密謀多

---

115. 蒙梅迪位於法國東北部的洛林地區，距離比、盧邊境很近。保王黨原先要護送出逃的路易十六至該地的城堡，做為反攻復辟的基地。

麼嚇駭人！……

兒子臨終，你卻把他扔下不管，你這母親違反人性！他的遺言就已顯露你的不仁不義，因為他對自己的太傅說：「把我這束剪下來的頭髮交給母后，希望將來她可以想起我……」快回答呀，你這狠心的娘！……太子死了！……

你這妻子不知羞恥，專以娼婦之姿遂行各種可惡淫行……你天生就是上流社會最受鄙夷的女人，只懂得拿輕率冒失的行為來效忠國家。你只徒具母親之名，說到羞慚之心，你是壓根沒有，連做表面工夫你也懶得。何謂坦率真誠，你應該沒聽說過；至於婦德嘉行你可曾實踐過了？

不管從哪個面向看，你都是隻怪物，看見你就不寒而慄，不禁把你和聖經中的耶洗別聯想起來，那個教全以色列離棄上帝的王后……我們太鄙視你……想啃食你肉軀的狗太多了……牠們正等著你……

你又專制蠻橫，打算效法亞述帝國女皇帝塞米拉米斯（Sémiramis）……的確，謀殺親夫這種勾當你還沒幹，可是，義民揮軍凡爾賽宮那天，或是你企圖逃往蒙梅迪的那時候，你的所作所為又和謀殺親夫相差多少？寇爾夫男爵夫人！你的國王怎麼變成你的小廝！

你在懷中抱著兒子來對我們說明，你將依照憲法將他養大！

也許你指的是考布林茲（Koblenz）憲法……

你以優雅的態度對待國民自衛隊，實際上卻想置他們於死地而後快。

你害慘了你的丈夫……你摧毀了法蘭西人民對他的真心，你把他當祭品獻給你的傲慢，你的阿爾托瓦！

成百成千的陰謀在你眼下醞釀著……每件陰謀都受你的操控……

安托奈特！……巴黎有一間醫院專門監禁傷風敗俗的女人……

路易十六，你這個王冠已被摘去的國王，是你自己不想再戴它的……你這個人既愚蠢又缺乏骨氣；你要人家如何處置你呢？

路易……為時仍然未晚，你依然可以贏回整個國家對你的重視，甚至可以找回法蘭西人民對你的敬愛……唯一確實可行的方法是：把欺騙過你的那些人的名單交出來吧！……把羅浮宮留給那批惡人，直到人家把他們轟出去！到那時候，你將能夠快樂度日……一切都會轉好……但是不能走回頭路……否則你就完了。

當塔樂（F. DANTALLE）

（巴黎市立歷史圖書館藏書）

---

i   一種用來斬首的俐落刑具。〔潑糞小冊作者原註〕
ii 未經閹割的公豬。〔潑糞小冊作者原註〕

Testament de Marie-Antoinette, veuve Capet

(Paris, s.d.)

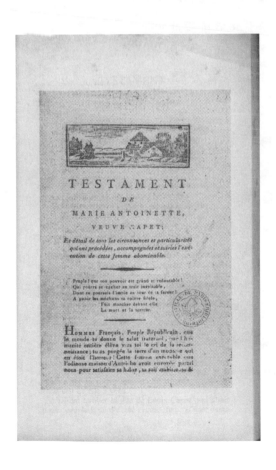

《卡貝孀婦瑪麗 - 安托奈特之遺囑》

及處決這名可憎女人過程的所有細節

人民群眾啊！你們的力量多麼偉大，多麼可畏啊！
憤慨勃興的時日裡，你們追究大逆不道的人，
誰能躲過你們射出的箭？
惡人正受你們持續不變的震怒所懲治，
震怒正驅策死亡與恐懼向前邁進。

　　法蘭西的人民啊！共和國的群眾啊！但願世界賜你洋溢博愛的救贖，但願人類全體高聲向你鳴謝；你們肅清了今世的惡徒，人人憎恨的惡徒啊！當年，卑鄙的奧地利皇室派出這個女人來到我國，好一個教人不齒的女人，為的是要逞其恨意，是要滿足它野心勃勃的渴望，是要將我們推入苦難的深淵。這名潑婦窮凶惡極，巴不得能大肆屠戮法國人民，安托奈特這忝不知恥的淫婦，簡直是芙雷黛貢德再世。各位勇敢起義，以不名譽的酷刑將她推入死亡永夜，你將她送上斷頭台，讓她贖了罪過，因為她的行為如此殘酷，如此揮霍奢靡，而且由於生活腐敗、肆無忌憚穢亂宮廷，生前發生多少醜聞，這是長期蹂躪人民主權。

　　人民啊！你們將她那「尊貴」丈夫路易・卡貝的腦袋砍下，但那時候，正義只有伸張一半；奧地利的那個暴君

皇帝多有自信！他還以為可以將各位在復仇的半路上攔阻下來，使各位在處罰他這個親戚兼同路人的時候心生畏懼。他誤認為，只要他的盟友戰勝我們這些事實上永不屈服的共和鬥士，我們就會懦弱向他低頭，為他保住安托奈特的一條命，然後樂意搖尾乞憐，以她換取一紙可恥和約。暴君如此愚昧，真是既傲慢又虛榮的期待啊！然而，暴君他的心智無法理解共和黨人本色：自信、偉大、公正而又朝氣勃發，他們很能活用多項原則，同時留意諸多考量，在那正義公理的道路上沈著踩穩腳步！就算全世界的強權歸到同一敵營，法蘭西最後一任暴君的寡婦還是難逃死劫，因為她是罪犯。法蘭西人民重生了，他們行的法律要比太空中運行的所有星球加總起來還更強大。

我國國內就算最狂熱的份子，有誰膽敢否認：是正義和法律做出對安托奈特的判決？是她拖垮了我國的財政，因為她把國庫的錢都轉給了她的兄長，那些可都是勞苦人民的血汗錢啊！她的目的在於資助那個暴君，讓他有錢豢養軍隊，以便他對我國發動戰爭，而使我們再無資源可以反抗他們。這點難道不是千真萬確，已獲證明的事？難道她也不曾一直向她丈夫猛進讒言，將他推入叛逆汪洋，並教我們受害？這是證據確鑿的事！難道她亦不曾囤積或是私藏糧食？因為她想讓人民買不到麵包並且活活餓死，這可不是白賴在她頭上的罪。此外，她又教唆同時資助專寫潑糞文字的反革命份子、

密探以及暗殺愛國志士的人，然後支持各種秘密組織以及陰謀集會。總之，她是密謀主腦，全意扼殺人民自由。還有，想出一條又一條的詭計、打算永遠葬送法國前途的人難道不是她嗎？這些實情件件證據充分。路易‧卡貝何以處處反對憲法，甚至叛逃至瓦雷納（Varennes），難道不是她這悍婦拿的主意？至於逆賊拉法葉（La Fayette）以及制憲會議那些叛徒的敗行也都是出於她的唆使：巴黎練兵場（Champ-de-Mars）的屠殺慘案 [116] 以及更早發生在南錫（Nancy）的屠殺慘案，難道不是她的傑作？一七九二年八月十日，教唆丈夫屠戮法國人民、並引發這場決定人民命運事件的又是她這女人。然而這事件的結局和那些密謀者所期待的正好相反，她造成了丈夫從那竊據之權力的峰頂摔落下來，同時也摧毀了君主立憲計畫。種種控訴都是有憑有據，豈是冤屈她了？

絕對不是冤屈她的。沒有人能否認，這些罪行每件都有最確鑿的證據。像這樣凶惡的罪犯，如果對她起了絲毫容忍放任的心，如果政策怯懦搖擺，以致公義為之噤聲，我們還配做共和黨人嗎？我們想在各國之間樹立榜樣，如此一來，

---

116. 練兵場慘案：巴黎民眾在 1791 年 7 月 17 日舉行抗議活動，抗議法國制憲會議宣佈路易十六出逃未遂的行為無罪。這一天是週日，人群遊行來到練兵場（Champ de Mars），約 6000 人在請願書上簽字，在場旁觀者約有 5 萬人。傍晚，市長巴伊宣佈實施戒嚴，拉法葉帶領士兵來到練兵場。根據當時的戒嚴法規定，市長需要事先三度要求群眾解散，若是群眾不從，然後才能動用武力鎮壓。示威民眾和士兵發生摩擦，衛隊沒有等待市長發話便向群眾開槍，造成大約 50 人死亡，史稱練兵場慘案。

他們要如何看待我們呢？他們是否可以振振有辭地說，我們和那班在教會當中招搖撞騙的人沒有兩樣。因為那一些人大聲疾呼，財富好似過眼雲煙，大家不如捨棄算了，可是自己卻在繁華富貴當中打滾，不知饜足，強逞肉慾食慾，而我們卻熱中鼓吹一些連我們自己也都懶得奉行的原則。我們動不動就會說：平等社會多麼引人入勝，但實際上，卻饒恕了一個正義之劍應斬殺的罪犯，卻將她從她應接受的酷刑中解放出來，只因她是某個自詡為王的傢伙[117]的姑母。果真如此，那麼我國人民、世界各國以及後世子孫都要理直氣壯責難我們。要是這樣，我們想令人類重生的宏圖就要幻滅了。幸好你們已經深思熟慮過了，今天，就算正義公理它的雄健步伐未受你們的原則所指引，你們那番深思熟慮依然能夠領導你們追隨正義公理。

另一方面，安托奈特的頭一旦砍下來了，世界各地仍受役使的人將會多麼感謝你們，因為他們受夠暴君以及神棍利用蒙昧主義以及奴隸制度壓迫他們！這個兇悍的破壞狂下令宣戰，難道如今歐洲烽火連天不能怨她？這兩年來，已有數百萬人遭受屠戮，這全因為法蘭西住著一個狠毒的女人。滾滾血河，腥氣蒸騰，讓她的鼻子聞起來，竟似香水一般濃甜。

---

117. 此指法蘭茲二世（Franz II，1768～1835年），神聖羅馬帝國的末代皇帝（1792～1806年在位），奧地利帝國的第一位皇帝（1804年－1835年在位，稱法蘭茲一世〔Franz I〕）。其父為神聖羅馬帝國皇帝利奧波德二世（Leopold II），即瑪麗-安托奈特的兄長。

法國人民把這個女人視為不可寬宥的公敵，這是多麼合理的事。現在，讓我們來披露此人受刑過程中的一些細節。

在她接受訊問之時，一概否認任何指控，所表現的厚顏無恥代表她已罪孽深重。以前負責照顧她兒子的席蒙出庭作證，指責她養成親生兒子穢亂的惡習，而且這些惡習種下日後他荒淫度日的後果，放蕩程度和他母親不相上下。對於這項指控，她竟回答：「這種指控格調太低，本宮不屑回答。」

巴伊（Bailly）和馬紐埃勒（Manuel）[118] 的證詞令她十分難堪。她和辯護律師處心積慮意圖掩飾一切。她詢問沙伏．得．拉．嘉爾德（Chaveau de La Garde）（辯護律師中的一位），是否有人提出有效證據來駁斥她。對方回答：這類證據尚未出現，她只說了：「那麼，只需注意馬紐埃勒就好。」

因為她坐在圓凳上，大廳中旁聽的民眾多次要求她站起來，以便能夠清楚看見她的面目。她的傲慢已使她對這屢次的要求感到厭煩，因此發起脾氣嚷道：「我這麼累，他們看膩了沒有呢？」

她的罪狀一條條被列舉出來，她的內心本來應該充滿悔恨而且面容堆起謙遜以及懺罪表情，但是她依舊一副盛氣凌人的模樣。這教現場參與審訊的人竊竊私語起來。有些女人

---

118. 巴伊（1736～1793年），法國天文學家、數學家，1789～1791年間任巴黎市長；馬紐埃勒（1751～1793年），法國作家及政治家。此二人皆於恐怖統治期間命喪斷頭台。

不禁數度高聲自語說道：「瞧瞧她還那麼不可一世！」安托奈特聽見這種議論，便教人傳話給沙伏・得・拉・嘉爾德：「本宮的答辯盡可能莊嚴高尚，人民卻似乎不滿意呀！」

她將兩只金戒指以及一絡髮絲交給另外一位辯護律師特洪松・杜貢德雷（Tronçon Ducondray），請對方轉交一位名叫嘉里（Jari）的小姐，而這小姐住在伊芙里（Yvry）的拉・博爾特（La Porte）夫人那裡。這份贈禮首先被呈給全國安全委員會，然後，委員會毫無疑問會先調查並確認嘉里小姐是何身分，以便釐清安托奈特與對方的特殊關係。

安托奈特聽了別人讀給她的判決，庭長問她是否需要上訴，但她回答：「本宮不要上訴。」人家下令將她移往特別法庭，這個時候，她勇氣十足地從席位走下來，親手打開柵欄的門，情緒似乎並不激動。

關於將她送往斷頭台的細節，她要求乘坐華麗的四輪馬車前往。這種標幟榮耀身分的特權牴觸了平等原則，所以未獲准許。接著，她又要求至少讓她披戴面紗前往，同樣未獲同意。

到清晨四時半，革命法庭宣佈安托奈特的案子結案了。她在上午十一時半從巴黎古監獄出發，並和其他死刑犯人一起坐上囚車押往刑場。她的身上僅僅穿著一件簡單的白罩衣，頭上戴了一頂綁上黑緞帶的便帽。她的臉色十分蒼白而且疲憊，並非因為她將承受酷刑的壓力所造成，而是因為她

在獄中月經失血過多。一直到她受刑的那一刻為止，她始終都保持一種儀態、保持一份傲氣。她靜靜將眼光投往數不清人數的圍觀民眾，他們喊著「共和國萬歲！」，聲音直上雲霄。

抵達革命廣場之後，她的雙眼凝視杜樂利宮，目光流露幾許感動。有位聽告解的年邁神父由於自然而然對於君王懷有敬意，因此態度謙恭，坐在她後方的長凳上面，並且不停向她說話。可是安托奈特似乎不加傾聽，甚至可能沒有聽見聲音。囚車直接停在斷頭台的前面。雖然雙手反綁背後，安托奈特不需他人攙扶協助，自己便敏捷而輕快走下囚車，然後以無畏的態度走上那道死亡階梯。她沒有向群眾說話，只是從容準備受死。準備程序多麼恐怖，前後耗費不超過四分鐘。行刑者將她的頭臉展露給民眾看，台下一遍又一遍歡呼道：「共和國萬歲！」

行刑者要將她圍在脖子上的長手巾解下來，但她似乎因此感到極不舒服。雖然雙手被綁，她還是想自行扯下手巾。等她腹部朝下，臥倒在行刑板上時，那一面以黑色緞帶綁住、掛在她胸前的紀念章便翻了出來。其中一面刻著路易‧卡貝頭像，另外一面則是其寵臣兼爪牙、叛徒拉法葉的頭像。

下面這一件事史書應該加以記錄，它證明了這個可惡女人就算死後還是有人將她狂熱崇拜：她的頭剛砍下，便有一名年輕男子不顧斷頭台四周的戒備，衝到那個怪物血染地面

的位置旁，然後拿一條白手帕去沾那灘血污。此種粗暴行為正使眾人心生懷疑。他被逮捕，同時大家看到他的胸前掛著一面紀念胸章，上面繪了一朵百合花和兩支交叉的劍。群眾光憑這個證據，要求不必多問便立刻處決這名反革命份子。他被騎兵隊的官兵以及現場助理人員包圍。他希望不被人民的怒火傷害，請求人家將他安置在安全的處所。有位市政官員立即以法律的名義勸阻群眾，同時指出：那年輕人也許握有重要文件，或許供詞有利他們捕獲更多叛徒，何況只有司法部門方有權責下令對他用刑，法官自然會對人民交代。群眾聽從了這番智慧的講話，並且高聲呼道：「沒錯，說得對！」這種表現再度戳破了貶損人民素質的卑鄙謊言。接著，群眾聚攏成為兩道人牆，讓路給那名年輕狂熱的陰謀份子。現場二十萬人都知道要遵守法律並且尊重法官權責，因此只由少數幾位護衛人員帶他離開現場。

以上所述便是那女人下場的一些細節，全法蘭西憎恨的那女人。她為世人展示的唯一教訓是：她將勞苦人民踩在腳底，而且浸淫在那奢靡生活之中，然而，最後她能留給後世人的，不過是兩枚金戒指以及一絡髮絲罷了！世上的暴君啊！但願這個世事無常的好例子可以充當警告，這是提醒你們：你們的命運將受同樣的威脅。「共和國萬歲！」

（巴黎市歷史圖書館藏書）

年表

一七五五年十一月二日　瑪麗亞 - 安東妮亞，約瑟法，約翰娜（Maria-Antonia, Josepha, Johanna）公主誕生於維也納。她是奧地利瑪麗 - 泰瑞莎（Marie-Thérèse）女皇與夫杭索瓦・得・洛林（François de Lorraine）皇帝的女兒。排行在她前面的兄姊有：約瑟夫（Joseph，1741 年）、瑪麗 - 克莉斯汀（Marie-Christine，1742 年）、瑪麗 - 伊莉莎白（Marie-Élisabeth，1743 年）、查理 - 約瑟夫（Charles-Joseph，1745 年）、瑪麗 - 艾梅莉（Marie-Amélie，1746 年）、皮耶爾 - 雷歐柏（Pierre-Léopold，1747 年）、珍娜 - 加布里耶勒（Jeanne-Gabrielle，1750 年）、瑪麗 - 約瑟夫（Marie-Josèphe，1751 年）、瑪麗 - 卡洛琳娜（Marie-Caroline，1752 年）及斐迪南（Ferdinand，1754 年）。在她之後出生的是弟弟馬克西米連 - 法蘭茲（Maximilien-Franz，1756 年）。

一七六五年　夫杭索瓦皇帝駕崩，生前公主與他十分親近。

一七六八年　維爾蒙（Vermond）修道院長出任公主的宮廷教師。

一七七〇年五月十六日　瑪麗亞 - 安東妮亞與法蘭西王國太子路易 - 奧古斯特（Louis-Auguste）（國王路易十五之孫）

結婚，從此改稱瑪麗 - 安托奈特（Marie-Antoinette）。此項聯姻表現了瑪麗 - 泰瑞莎打算強化兩國關係的政治意圖，是法奧這兩個先前宿敵於一七五六年「外交破冰」後的成果。

維爾蒙修道院長被任命為瑪麗 - 安托奈特的私人顧問。院長依舊是她的心腹，同時也是她與自己童年時代的唯一連繫。

瑪麗 - 泰瑞莎開始與瑪麗 - 安托奈特書信往返。

維也納駐巴黎大使梅爾西 - 阿爾強托（Mercy-Argenteau）伯爵定期暗中向女皇奏去報告，鉅細靡遺描述她女兒的行事。

一七七〇年　索瓦熱勒（Choiseul）公爵失寵。先前他是路易 - 奧古斯特和瑪麗 - 安托奈特大婚的主要推手。

一七七四年五月十日　路易十五駕崩。路易十六在人民樂觀甚至普遍熱情的支持下登基。

然而，年輕王后髮型誇張，而且熱愛珠寶華服，所以很快便招致惡意中傷。此外，因為王后經常單獨或在小叔阿爾托瓦（Artois）伯爵的陪伴下出遊巴黎，毀謗她的言語又更加刻毒了。

安托奈特與朗巴勒（Lamballe）公爵夫人結為好友，後者即被任命為王后宮院的宮女長（Surintendante）。

一七七七年　安托奈特的長兄，即奧地利約瑟夫二世
（Joseph II）皇帝來訪。她和玻里涅亞克（Polignac）夫人結
為好友。

一七七八年十二月二十日　殷切盼望許久之後，安托奈
特生下第一胎，命名為瑪麗-泰瑞莎-夏洛特（Marie-Thérèse-
Charlotte）公主。

一七七八・一七七九年　巴伐利亞王位繼承戰爭。奧
地利的瑪麗-泰瑞莎持續不斷向瑪麗-安托奈特施壓，目的
在使後者能夠影響路易十六，使他有利於瑪麗-泰瑞莎。

一七八〇年　法國支持美國發動獨立戰爭。
十一月二十九日　奧地利的瑪麗-泰瑞莎駕崩。

一七八一年十月二十一日　兒子路易-約瑟夫（Louis-
Joseph）誕生，他是王位繼承人。此時王后注意到巴黎人對
她的好感明顯降低。
路易十六的弟弟，即普羅旺斯（Provence）侯爵及阿爾
托瓦侯爵，從此斷了繼承王位的期待。
玻里涅亞克公爵夫人被任命為法蘭西王子公主的教師。

她的家庭備受恩寵。

一七八五年三月二十七日　次子路易 - 查理（Louis-Charles）出生，受封為諾曼第公爵。

一七八五．一七八六年　項鍊事件。王后遭受指控，謂其利用侯安樞機主教（le cardinal de Rohan）做中間人，買下一條鑽石項鍊，但隨後拒絕付款。一七八六年五月三十一日，議會宣告侯安樞機主教無罪，並判決得．拉．莫特（de la Motte）夫人應受鐵烙之刑，因為她被認定是整起事件的煽動者。群眾一致歡呼侯安。輿論普遍認為王后無庸置疑是罪魁禍首。往後數年之中，這種說法越發流行。

一七八六年七月九日　索菲 - 海倫 - 貝雅翠斯（Sophie-Hélène-Béatrice）公主出世，然而不滿週歲即告夭折。路易 - 約瑟夫太子的健康情形每況愈下，終至無法恢復。

一七八九年五月四日　三級會議在凡爾賽召開。

六月四日　路易 - 約瑟夫太子薨逝。

七月十一日　聲望如日中天的財政部長賈克．內克爾

（Jacques Necker）遭到解職。

七月十四日　巴士底監獄陷落。

七月十六日　阿爾托瓦侯爵、孔戴（Condé）親王、孔
提（Conti）親王以及新政府的成員還有許多朝臣（包括玻里
涅亞克家族）匆匆離開凡爾賽宮。
召回內克爾。

十月五～六日　一群由巴黎中央市場的婦女所率領的民
眾徒步朝凡爾賽宮挺進。他們索求「麵包以及國王」。王室
成員離開凡爾賽宮。他們被帶往巴黎，改住杜樂利（Tuileries）
宮。

一七九一年六月二十日　王室成員企圖逃至日耳曼，以
便和保王黨軍隊會合，但在瓦雷納（Varennes）被逮捕。

一七九二年七月十一日　布倫什維克（Brunswick）公爵
發表宣言。

八月十日　群眾闖入杜樂利宮。路易十六及王后受國民
議會（l'Assemblée nationale）監督，後被移送坦普勒（Temple）

監獄。

九月二～六日　監獄屠殺事件，朗巴勒公爵夫人被殺。

九月二十二日　廢除君主制度。法蘭西第一共和宣佈成立。

一七九三年一月二十一日　處決路易十六。

三月十日　成立革命法庭。

七月十三日　夏洛特・考爾戴（Charlotte Corday）刺殺馬拉（Marat）。

八月　瑪麗-安托奈特與子女們分開，並被監禁於巴黎古監獄（Conciergerie）。

十月十四～十六日　審判瑪麗-安托奈特。

十月十六日早上　瑪麗-安托奈特被送上斷頭台。

奪朱007
社會政治
批判叢書

一代妖后

潑糞刊物裡的瑪麗‧安托奈特

La reine scélérate: Marie-Antoinette dans les pamphlets

作者｜香塔勒‧托瑪(Chantal Thomas)
譯者｜翁德明
美術設計｜楊啟巽工作室
電腦排版｜辰皓國際出版製作有限公司
出版｜無境文化事業股份有限公司
【精神分析系列】　　　總策劃／楊明敏
【人文批判系列】　　　總策劃／吳坤墉
地址｜802高雄市苓雅區中正一路120號7樓之1
信箱｜edition.utopie@gmail.com
總經銷｜大和圖書書報股份有限公司
地址｜248 新北市新莊區五工五路2號
電話｜(02)8990-2588

二版｜2022年06月
定價｜380元
ISBN 9789860601992

國家圖書館出版品預行編目(CIP)資料

一代妖后：潑糞刊物裡的瑪麗.安托奈特 / 香塔
勒.托瑪(Chantal Thomas)作；翁德明譯. -- 二
版. -- 高雄市：無境文化事業股份有限公司,
2022.06
　　面；　公分. -- (無境文化. 人文批判系列)((奪朱)
社會政治批判叢書 ; 7)
　　譯自：La reine scélérate : Marie-Antoinette dans les
pamphlets.
　　ISBN 978-986-06019-9-2（平裝）

1.CST: 瑪麗安托奈特(Marie Antoinette, Queen,
consort of Louis XVI, King of France, 1755-1793)
2.CST: 傳記 3.CST: 法國史 4.CST: 法國大革命

742.251　　　　　　　　　　　　　111006538

Utopie